행복한

인성
독서

행복한 인성독서 중등

초판 1쇄 인쇄 | 2017년 10월 2일
초판 1쇄 발행 | 2017년 10월 10일

지 은 이 | 임영규 · 김수경 · 김우영 · 유혜강 · 유혜미 · 한미영 지음
펴 낸 이 | 정봉선
편 집 장 | 권이준
펴 낸 곳 | 정인출판사

주   소 | 서울시 동대문구 천호대로 16가길 4
전   화 | (02)922-1334
팩   스 | (02)925-1334
홈페이지 | www.pjbook.com
이 메 일 | junginbook@naver.com

등   록 | 제303-1999-000058호
ISBN | 979-11-88239-04-7 (43370)

* 책값은 뒤표지에 있습니다.

* 이 책에서 인용한 책들과 이미지의 원저작자와 출판사의 사전 이용 허락을 얻지 못한 점 양해 부탁드립니다.
  추후에라도 저작권과 관련한 문의를 주시면 성실히 응하겠습니다.

8대 핵심덕목별 선정도서로 만든

행복한

인성독서

중등

임영규 · 김수경 · 김우영
유혜강 · 유혜미 · 한미영 지음

정인출판사

목차

모두가 행복한 미래를 위한 준비, 인성독서

1. 인성교육과 독서

　사람의 고유한 성품인 인성은 여러 가지 요인들에 의해 만들어집니다. 그 인성을 교육하면서 원하는 대로 만들어 가거나 바꾸는 것은 결코 쉬운 일이 아닙니다. 또한 완벽하지 않은 교사나 부모가 인성을 교육한다는 것에도 분명 한계가 존재합니다. 수많은 선인들의 말씀과 통계자료에서 말하고 있듯이 인간으로서 올바른 성품을 지니기 위해서는 어려서부터 그에 걸맞은 삶의 모습을 보고 들어야 합니다. 인성교육이 자연스레 삶 속에서 이해되고 행해진다면 그리 어렵지 않을 수도 있을 것입니다.

　그런데 인성교육이 자꾸만 강조되고 있는 현실은 우리네 삶 속에서 자연스럽게 행해지기 어렵다는 의미입니다. 실제 인성교육이 더욱더 강조되어야 할 만큼 청소년들의 윤리의식은 심각해지고 있습니다.

　2015년 흥사단 투명사회운동본부 윤리연구센터조사 결과에 따르면 해를 거듭할수록 청소년의 윤리의식이 낮아지고 있음이 드러납니다. '10억원이 생긴다면 죄를 짓고 1년 정도 감옥에 가도 괜찮다'는 질문에서 고교생의 56%가 "그렇다"고 답했습니다. 이는 2012년(44%)과 2013년(47%) 응답 결과와 비교해 더 증가한 수치입니다. 이어 '이웃의 어려움과 관계없이 나만 잘살면 된다'는 항목에서는 초등 19%, 중학교 30%, 고교 45%가 "그렇다"고 응답했다고 합니다. 2013년에는 초, 중, 고 각각 19%와 27%, 36%로 응답한 것에 비해 많이 늘어났습니다.

　우리 사회 구성원에게 타인에게 마음과 물질을 내어주고, 자신의 이익보다 더 큰 가치를 선택할 수 있는 이유가 필요합니다. 도덕적인 선택이 손해가 아니라 결국 자신에게 유익과

기쁨을 안겨준다는 믿음이 있어야 실천을 이끌 수 있을 것입니다. 그 믿음을 만들기 위해 지도자를 비롯하여 모든 구성원이 고군분투해야 합니다. 많은 사람들이 배움과 경험을 통해 그 믿음을 가질 수 있을 때 자연스레 우리 청소년의 윤리의식은 개선될 것입니다.

학생들이 주변의 본을 보며 좋은 인성을 만들어나가기 어려운 상황에서 우리가 학생들에게 믿음을 심어주는 가장 좋은 방법은 독서일 것입니다. 간접경험인 독서를 통해 수많은 이들의 시행착오와 경험, 생각을 살펴보며 용기 있는 도덕적 선택을 하고자 하는 믿음을 만들어갈 수 있습니다. 이를 효과적으로 돕기 위해서는 마음을 움직일 수 있는 좋은 책과 그 책을 적절히 활용할 수 있는 방법이 있어야 할 것입니다.

아이들에게 바른 삶에 대한 믿음을 심어주고자 하는 간절한 마음과 경험을 담아 이 책에 인성교육 방법을 안내하였습니다. 인성교육진흥법의 8대 인성덕목에 맞추어 학교급별로 각 덕목에 가장 근접한 좋은 책들을 소개하였고, 아이들과 이야기해 볼 수 있는 토론 발문을 자세히 제시하였습니다. 더불어 다양한 관련 활동도 안내하였습니다.

이 책을 통해 아이들과 함께 책을 읽고, 서로 소통하며 나와 주변, 인류를 사랑하고자 하는 마음을 갖고 실천으로 이끌 수 있는 조그마한 밀알을 만들어 가시길 바랍니다.

2. 인성이란 무엇인가요?

　　인성이란 학자들마다 정의하는 것이 달라 한마디로 표현하기가 쉽지 않습니다. 인성은 성격이나 인격으로 통용되기도 하는데 일반적으로 인성이란 자신만의 생활스타일로서 다른 사람들과 구분되는 지속적이고 일관된 독특한 심리 및 행동 양식을 말합니다.

　　개인의 내면을 바르고 건전하게 가꾸는데 필요한 인간다운 성품과 역량 및 타인·공동체·자연과 더불어 살아가는데 필요한 인간다운 성품과 역량을 포함하는 것으로 규정할 수 있습니다.

인성의 개념	연구자
환경에 대응함으로써 나타나게 되는 행동 및 태도, 동기, 경향성, 인생 과정들의 총합. 사람들에게 있어 시간과 상황에 걸쳐 지속되는 독특한 구조이며, 인성은 어떠한 경험을 하느냐에 따라 크게 변화될 수 있다는 의미 포함	황응연(1992)
좁게는 도덕성, 사회성, 정서(감정) 등을 의미하고, 넓게는 지·덕·체 또는 지·정·의를 골고루 갖춘 전인성	이근철(1996)
인간의 성품으로 인간의 성질과 품격으로 구성됨. 여기서 성질은 마음의 바탕이고, 품격은 사람됨의 바탕	한국교육학회(1998)
사람이 태어나면서 가지고 있는 성격이나 특질의 개념이 아니라, 의도적인 교육이나 학습에 의해 습득하거나 변화가 가능한 인간의 성품	조난심 외(2004)
존중, 공정성, 보살핌 등의 도덕적, 윤리적 가치와 책임감, 신뢰, 시민성 등을 망라하는 개념으로, 개인 또는 집단의 정서적, 지적, 도덕적 자질은 물론 이러한 자질들이 친사회적 행동으로 발전되는 것 포함	미 교육부 (2007, 2008)
자신의 내면적 요구와 사회 환경적 필요를 지혜롭게 잘 조화시킴으로써 세상에 유익함을 미치는 인간의 특성	조연순(2007)
인간이 도달해야 하는 이상적인 인간다운 성품, 인간 본연의 모습	장선보 외(2008)
보다 긍정적이고 건전한 개인의 삶과 사회적 삶을 위한 심리적·행동적 특성	현주 외(2009)
인간이 개인적으로 갖추어야 할 바람직한 심성과 사회적으로 갖추어야 할 가치 있는 인격 및 행동 특성	박성미·허승희(2012)
더불어 살아갈 수 있는 품성과 역량으로 도덕성, 사회성, 감성	교육과학기술부(2012)
긍정적이고 건강한 개인의 삶과 사회구성원으로서의 삶을 살아가기 위해 갖추어야 할 바람직한 특질과 역량	현주 외(2014)

**＊출처 : 한국교육개발원(2014). 인성교육 활성화를 위한 방향과 과제. 한국교육개발원 Issue Paper CP 2014-10.3-4.

3. 인성의 핵심가치 · 덕목

인성교육의 목표가 되는 것으로 정직, 책임, 예(禮), 효(孝), 존중, 배려, 소통, 협동 등의 마음가짐이나 사람됨과 관련되는 핵심적인 가치 또는 덕목을 말합니다.

핵심 가치 · 덕목	의미 및 도덕적 기능
정직	• 마음에 거짓이나 꾸밈이 없이 어느 한 곳으로 치우치지 않게 바르고 곧음 • 도덕원리를 준수하고 도덕적 양심에 충실하여 자기가 한 말을 실행하고 자기가 믿는 것을 지켜 나가는 것임 • 전체적으로 일관성을 지니는 것임 • 자기 자신과 다른 사람에게 진실을 말하는 것임
책임	• 자기가 맡은 일에 대한 임무나 의무 그리고 행위의 결과에 대하여 지는 의무나 부담 • 맡아서 해야 할 역할과 의무에 대한 의식과 헌신 • 사랑과 헌신으로 자신의 역할과 의무를 수행하려는 것 • 자신의 행위 혹은 행위 결과에 대한 책임 과 자기 존재의 미래에 대한 미래지향적인 책임
예	• 풍속이나 습관으로 형성된 행위 준칙, 도덕규범 등의 각종 예절로 사람이 마땅히 지켜야 할 도리 • 예의에 관한 모든 절차나 질서를 준수하려는 마음가짐과 태도 • 일정한 격식을 갖춘 행동으로 나타남
효	• 부모에 대한 공경을 바탕으로 자녀가 부모를 잘 섬기는 일 • 모든 행위의 근원이며 동시에 인을 행하는 근본 • 부모님을 정신적으로 편안하고 기쁘게 해 드리는 것과 부모님을 육체적 · 물질적으로 봉양하는 것을 말함
존중	• 상대를 높이어 귀중하게 대함 • 사람이나 사물을 기본적으로 그들의 존재만으로 존중할 가치가 있음을 인식하고 그 가치에 대하여 소중히 여김 • 인간이 스스로를 존중하는 것으로부터 시작해서 나아가 모든 사람과 생명체, 사물은 그들만의 가치가 있으며 그 가치를 인정하고 소중히 하고자 하는 기본 윤리
배려	• 상대를 도와주거나 보살펴 주려고 마음을 씀 • 정의를 넘어서는 것으로서 공정함에 머무르기보다는 그 이상의 필요한 것을 주는 것 • 공감, 연민, 관대, 봉사, 용서 등으로 구성됨 • 필요를 헤아리고 요구에 반응하는 덕
소통	• 각자의 생각이나 뜻이 서로 통하여 오해가 없음 • 다양한 상황과 장소에서 타인이 생각, 감정, 관점을 이해하고 파악함 • 타인과 긍정적인 관계를 형성 · 유지하고 소통하는 능력
협동	• 서로의 마음과 힘을 모아서 하나로 합함 • 사회의 공동선을 창출하고 증진하기 위해 구성원들이 힘과 뜻을 모아 노력하는 것 • 공동의 목표를 성취하기 위해 구성원들의 힘과 능력을 집약시키는 것

4. 인성독서의 필요성

'인성교육'은 개인의 내면을 바르고 건전하게 가꾸고 타인·공동체·자연과 더불어 살아 가는데 필요한 인간다운 성품과 역량을 길러주는 일입니다.

인류가 미래사회를 성공적으로 이끌어 가기 위해서는 많은 구성원이 서로를 바라보며 상생하기에 걸맞은 성품 및 역량을 지녀야 할 것입니다. 그를 위해서는 허울뿐인 인성교육이 아니라 참여형 인성교육을 실시하여 '앎을 삶 속에서 실천'하도록 교육해 나가야 합니다. 앎을 실천으로 이끄는 데 가장 강력한 도구가 독서입니다. 인성교육을 하는 데 독서를 활용하는 것을 인성독서라 할 수 있습니다. 일반적으로 독서를 통해 얻는 유익은 다음과 같습니다.

- 즐거움과 위안을 받는다.
- 깨달음과 지혜를 얻는다.
- 새로운 지식과 폭넓은 정보를 얻는다.
- 사고력과 상상력을 길러준다.
- 교양을 넓히고 인격수양이 된다.
- 정서적 만남과 간접경험을 얻는다.
- 바른 인생관과 바른 세계관을 세울 수 있게 해 준다.

위와 같이 실제로 독서를 잘 하면 깨달음과 지혜, 인격수양, 정서적 만남, 바른 인생관 등에 영향을 미칠 수 있습니다. 인성독서는 고리타분하고 비현실적인 것 같은 인성덕목을 구체화시켜주고 내면화시켜주기 때문입니다. 나와 비슷한 책 속의 현실, 인물의 선택이나 행동에 대한 감동, 저자의 가르침에 대한 깨달음 등을 통해 삶을 변화시켜나갈 수 있습니다.

독서 자체만으로도 인성의 변화를 일으키는 좋은 매개가 되지만 함께 이야기하고 나누며 삶에 적용할 수 있다면 더 좋은 효과를 발휘할 수도 있습니다. 무엇보다도 독서토론은 같은 책을 읽고 서로 다른 경험이나 배경지식에 비추어 이해하고 적용한 내용을 확인함으로써 더 폭넓고 깊이 있는 이해와 감동을 줄 수 있습니다. 이 책에서는 인성독서를 효과적으로 할 수 있도록 덕목별 좋은 책을 소개하고 토론 발문을 제시하였으며 삶에 적용할 수 있는 방법을 제시해 놓았습니다. 토론, 다양한 활동, 관련 매체 탐색 등을 통해 책을 더욱 구체적이고 깊이 있게 보며 인성독서의 효과를 극대화할 수 있을 것입니다.

다음은 독서를 통해 인성과 지식을 교육한 가정을 그렇지 않은 가정과 비교 조사한 자료입니다. 가정, 지역사회, 학교 등 인성독서를 꾸준히 실천하는 것이 작은 시발점이 되어 실로 놀라운 결과를 일으킬 수 있음을 알 수 있습니다.

〈에드워즈와 슐츠 후손의 비교〉

18세기 초 두 명의 젊은이가 신대륙 미국에 도착하였습니다. 한 명은 에드워즈 조나단으로 그는 인문학, 독서의 중요성을 알고 자손 대대로 꾸준히 실천하도록 하였습니다. 또 한 명은 마르크 슐츠로 현실적으로 돈이 가장 중요하다고 생각하고 돈을 벌기 위한 방법에만 골몰하여 자녀를 교육하였고 실제 큰 부자가 되었습니다.

미국의 교육위원회에서 교육 자료로 쓰기 위해 두 사람의 후손들을 조사한 결과는 다음과 같습니다.

에드워즈와 슐츠 후손의 다른 교육

에드워즈 조나단의 후손		마크스 슐츠의 후손	
• 교수, 교사	86명	• 교도소에서 5년 이상 복역한 사람	96명
• 군인	76명	• 정신이상, 알코올 중독자	58명
• 문학가	75명	• 창녀	65명
• 선교사, 목사	116명	• 생활보호대상의 극빈자	286명
• 장로와 집사	286명	• 문맹자	460명
• 부통령	1명		
• 기업인	73명	* 정부지출금 1억5천만불 (한화 약 1천 200억원)	
• 발명가	21명		

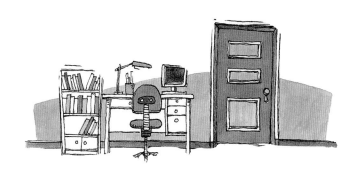

5. 각 덕목별 선정도서

핵심 가치 덕목	중등		
정직	광문자전(연암 박지원 소설집) – 박지원	세상에서 가장 가난한 대통령 무히카 – 미겔 앙헬 캄포도니코	당신은 정직한가 – 낸 드마스
책임	폰더 씨의 위대한 하루 – 앤디 앤드루스	트루먼 스쿨 악플 사건 – 도리 힐레스타드 버틀러	토론 콘서트 (환경) – 김강석, 안재정, 최소영
예절	기쿠치 선생님의 말 샤워의 기적 – 기쿠치 쇼조, 세키하라 미와코	내 블로그에서 나가 – 아그네스 함머	소중한 내 아들아 너는 인생을 이렇게 살아라 – 필립 체스터필드
효	심청전 – 정출헌	나의 얼토당토않은 엄마 – 김연	난중일기 – 이순신
존중	모두 깜언 – 김중미	동물의 행복할 권리 – 전경옥	자유론 – 존 스튜어트 밀
배려	우동 한 그릇 – 구리 료헤이	완득이 – 김려령	배려 – 한상복
소통	불량가족 레시피 – 손현주	트루먼 스쿨 악플 사건 – 도리 힐레스타드 버틀러	그냥, 들어봐 – 사라 데센
협동	15소년 표류기 – 쥘 베른	혼자라서 지는 거야 – 장성익	우리도 행복할 수 있을까? – 오연호

6. 〈행복한 인성독서〉 이 책의 구성

이 책은 중학생을 대상으로 인성덕목에 따른 인성교육용 도서를 안내하고 있습니다. 각 덕목에 3권씩 안내되어 있는데 순서대로 1학년, 2학년, 3학년을 염두에 두고 선정했으나 학생들 수준이나 상황에 따라 학년에 관계없이 사용할 수 있습니다. 토론 발문도 수준에 따라 조정하여 교사가 선택하여 사용하면 됩니다. 반드시 부모나 교사가 책을 확인해 보고, 학습자 상황을 맞추어 활용하기 바랍니다. 각 덕목별 책 소개는 다음과 같은 순서로 되어 있습니다.

• 인성의 8대 핵심 가치 · 덕목에 대한 설명과 도서 연계하기
• 관련 도서 들여다보기를 통해 인성에 비추어 내용 파악하기
  ➜ 토론하며 인성 함양하기(이야기식 독서토론)

- 인성독서 활동하기
  - ➡ 도서관련 인성독서 활동
  - ➡ 생활속에서 실천하는 인성독서 활동
  - ➡ 매체관련 인성독서 활동

* 이야기식 독서토론 알아보기

1단계: 나의 삶과 관계 맺기	
목적	래포 형성하기
발문내용	학생들이 대상 도서의 주제와 관련하여 대상도서를 읽지 않아도 쉽게 말할 수 있는 발문
주의점	무겁지 않고 흥미롭게 구성
발문 예시 (틀려도 괜찮아)	학교 교실에서 수업시간에 발표를 할 때 틀린 답을 말하거나 대답을 못한 적이 있나요? 그 때 어떤 기분이 들었나요?

2단계: 책과 친해지기	
목적	대상 도서 내용 이해
발문내용	대상 도서의 내용과 관련한 발문
주의점	일부러 외우지 않아도 알 수 있는 내용을 중심으로 구성
발문 예시 (틀려도 괜찮아)	책의 처음에 보였던 긴장했던 아이의 표정이 책의 마지막으로 가면서 어떻게 변하나요?우리가 교실에서 행복한 표정을 가지려면 친구들에게 어떻게 하면 좋을지 생각해서 말해 보세요.

3단계: 조화로운 삶을 위하여	
목적	대상 도서 이해의 심화 확장
발문내용	독서 내용과 인간 삶이나 사회 문제와 연결하여 자신의 생각을 깊이 있고 분명하게 나타내는 발문
주의점	실제로 토론이 이루어질 수 있어야 하며,주제에 대해 찬반이 나뉘거나 문제 해결의 다양한 방법 등을 제시할 수 있도록 구성
발문 예시 (틀려도 괜찮아)	여러분은 '틀려도 괜찮아'라고 말해주는 것이 어떤 상황에서도 옳다고 생각하나요? 이유를 들어 이야기해 보세요.

이야기식 토론 발문에 제시된 답안은 예시답안입니다. 이야기식 토론에서는 제시된 답이 정답이라고 생각하지 않고 아이들의 발언을 허용해 주는 태도가 매우 중요합니다. 답이 틀렸다고 무안을 주거나 다시 말해보라고 하는 것은 좋지 않습니다. 아이들이 문제를 잘 이해 못하거나 방향성이 너무 틀렸다고 생각할 때에 다시 한 번 다른 방식으로 질문을 하면서 생각할 수 있도록 도와주는 것이 좋습니다. 토론을 어렵게 생각하거나 무겁게 인식하지 않도록 도울 수 있는 가장 좋은 토론방식이 이야기식 토론이므로 그 묘미를 살리도록 합시다.

7. 〈행복한 인성독서〉 이 책의 활용 방법

1) 이 도서는 워크북이 아니라 활동 안내 형식으로 디자인 된 책이므로, 제시된 내용을 참고하여 학생의 수준과 선호 활동, 교사의 역량에 따라 재구성하여 사용하시면 더욱 좋겠습니다.

2) 대상 도서 이외에 관련 도서가 곳곳에 많이 소개 되어 있으니 검토해 보신 후 관련 도서로 대체하여 활용하셔도 무방합니다.

3) 최대한 책 자체를 봄으로서 갖는 즐거움을 놓치지 않으면서 인성도 함께 함양할 수 있도록 구성하였습니다. 너무 분석적이거나 분절적으로 방식으로 책에 접근하지 않도록 주의하여 지도해야 할 것입니다. 과거의 지루한 도덕 수업의 분위기가 나지 않고 허용적이고 소통하는 방식으로 접근하는 태도가 필요합니다.

4) 이야기식 독서토론을 잘 이해하여 진행하는 것이 중요합니다. (사)전국독서새물결모임 홈페이지(http://www.readingkorea.org)에서 독서토론 동영상이나 관련 자료를 연계하면 훨씬 유익하게 활용할 수 있을 것입니다.

CHAPTER

정직이 최선의 방법이다

박지원(소설가) 저 이가원 역 | 서해문집

미겔 앙헬 캄포도니코 지음 | 21세기북스

낸 드마스 저 정경한 역 | MID

맛있게 읽는 도서

| 관련 도서 |

정직
1. 광문자전 (연암 박지원 소설집) / 큰 바위 얼굴
2. 세상에서 가장 가난한 대통형 무히카
3. 당신은 정직한가 / 거짓말하는 착한 사람들

CHAPTER 1

어떻게 읽을까요?

1 정직한 삶이란 어떤 삶인지 생각하며 읽어요.

2 공직자들이 왜 정직이란 가치를 지켜야 하는지 생각하며 읽어요.

3 나는 윤리적 딜레마 상황에서 정직한 선택을 할 수 있는지 생각하며 읽어요.

어떤 내용일까요?

1단계 : 광문자전

'광문'이 살던 시대는 사대부 양반 계층의 위선과 권모술수가 판을 치던 시대였습니다. 이러한 시대에 요구되는 인물상인 '광문'은 사람으로서 도리를 알고 마음씨가 따뜻하며 욕심이 없고 소탈한 성품을 지닌 인물입니다. '광문'의 삶의 모습을 통해 정직의 가치에 대해 생각해 봅시다.

2단계 : 세상에서 가장 가난한 대통령 무히카

세상에서 '가장 가난한 대통령'이라는 수식어를 지니고 있는 우루과이 전 대통령 '무히카'에 관한 책입니다. 그는 검소하고 친근한 카리스마로 우루과이 사회의 불평등을 줄이고 나눔을 실천하는 삶을 살았습니다. 가장 낮은 곳에서 정직을 실천하며 가장 가까운 곳에서 국민과 소통하는 대통령, '무히카'의 삶을 통해 우리가 어떻게 살아가야 하는지 고민해 봅시다.

3단계 : 당신은 정직한가

이 책을 읽으며 과연 나는 정직한가? 자문해 볼 수 있는 책입니다. 이 책은 조직 내에서 거짓과 부정을 강요받았을 때 얼마나 정의로운 선택을 할 수 있는지 자신의 삶을 돌아보고 윤리적인 선택을 할 수 있도록 윤리 나침반을 제시해 줍니다. 이러한 윤리 나침반을 참고하여 정직한 선택이 무엇인지 생각해 보며 책을 읽어 봅시다.

정직에 대해 생각해보기

　정직이란 마음과 몸을 곧고 바르게 가짐으로써 말과 행동에 거짓이 없는 것을 말한다. 따라서 정직이란, 작게 보면 남에게 거짓말을 않거나 남을 속이지 않는 것을 의미하지만, 크게 보면 자기 자신을 속이지 않고 자기 자신에 대해 성실하게 행동하는 것도 포함하는 말이다. 남이 알지 못하는 자기의 잘못을 감춘다는 것은, 곧 자신의 양심을 속이는 일이기 때문이다. 그러므로 자기의 양심에 충실하려는 태도가 정직이라고 할 수 있겠다. 사람과 사람이 서로를 믿고 양심에 거리낄 것이 없는 태도로 사는 사회가 바로 정직한 사회라고 할 수 있다.

　다양하고 복잡한 사회 환경 속에서 가장 중요한 것은 서로 간의 믿음이다. 서로 믿고 지낼 수 있다는 것은 정직한 마음을 가지고 있을 때에 가능한 것이다. 정직은 개인의 인격을 결정하는 중요한 요인이면서 동시에 사회가 유지되고 발전하는 데에도 기본이 된다.

　인간의 천성은 원래 정직한 것이다. 정직하지 않고도 생존한 이는 요행 형벌을 면한 것뿐이다. 사람이 항상 정직하게 생활하지 않으면, 양심의 가책을 받기 때문에 스스로 벌을 받고 사는 것과 다를 바가 없는 것이다. 부정한 방법으로 부자가 될 수 있으나, 이렇게 되면 항상 양심의 압박에 시달리며 살 수 밖에는 없을 것이다. 또한 언젠가는 부정함이 탄로되어 뭇 사람들의 신용을 잃게 되어 망하게 되는 것은 자연의 섭리이다. 자신 스스로를 위해서도, 사회의 유지 발전을 위해서도 정직이라는 덕목을 아주 중요하다. '광문자전', '세상에서 가장 가난한 대통령 무히카', '당신은 정직한가'라는 세 권의 책을 읽으며 정직이라는 덕목에 대해 고민해 보고 정직을 생활화하기 위해 노력해 보자.

'광문자전' 들여다보기

'광문자전(연암 박지원 소설집)'의 줄거리

광문은 종로 네거리 시장 바닥을 떠돌아다니는 비렁뱅이다. 어느 날 많은 걸인들이 그를 두목으로 추대하여 소굴을 지키게 하였다. 하루는 날씨가 춥고 진눈깨비가 흩날렸는데 여러 아이들이 서로 이끌고 밥을 빌러 나갔다. 한 아이만 병에 걸려 따라 나가지 못하였다. 얼마 뒤에 아이가 추워하더니 구슬픈 신음소리를 내며 괴로워했다. 광문이 그를 매우 불쌍히 여겨 직접 구걸하러 나가서 밥을 얻어 와서 병든 아이에게 먹이려고 하였지만 아이는 이미 죽어 있었다. 거지 아이들이 돌아와서는 광문이 죽인 것으로 의심하여 광문을 두들겨 내쫓았다. 그는 어느 집 주인에게 거적 하나를 얻어 수표교에 다른 거지아이들이 버린 시체를 거적으로 싸서 남몰래 지고 가서 서문 밖 공동묘지에서 장사지내 준다. 그런데 그를 숨어서 지켜보던 주인은 광문의 덕행을 지켜보고 이를 가상히 여겨 그를 약방에 추천하여 일자리를 마련하여 준다. 그러나 약방에서 돈이 없어지는 사건이 벌어지자 광문은 또 다시 의심을 받게 된다. 며칠 뒤 부자의 처조카가 돈을 가지고 와서 며칠 전 돈을 꾸러 왔다가 주인이 안 계시자 제멋대로 돈을 가지고 갔었다는 사실을 밝힌다. 주인은 광문에게 매우 부끄러워하면서 사과한 뒤 광문의 사람됨을 널리 알려 장안사람 모두가 광문을 존경하게 된다. 광문은 아무리 많은 돈이라도 보증을 서 줄 정도로 착하고 순진한 사람이다. 그러나 마흔이 넘도록 장가를 가지 않았는데 사람들이 장가가길 권할 때마다 자신의 외모가 추하다는 이유를 들어 거절한다. 한편 서울에는 운심이라는 기생이 있었는데 그는 양반들과의 술자리에서도 춤을 추지 않을 만큼 콧대가 높았다. 광문이 자신의 남루한 복장과 추한 얼굴을 숨기지 않고 많은 귀인들 앞에서 노래를 부르니 콧대 높은 운심이도 그의 소탈하고 순수한 모습에 감동하여 자리에서 일어나 그를 위해 춤을 춘다. 이에 모든 사람들이 광문과 친구가 되기를 청하였다.

연암에 의해 창조된 인물인 광문은 사람으로서 도리를 알고 마음씨가 따뜻하며 욕심이 없고 소탈한 성품을 지닌 인물이다. 이렇게 정직한 광문의 인간적인 모습과 대비되는 권모술수가 판치는 당대의 위선적인 양반 사회에 생각하며 책을 읽어 보자.

STEP 2 이야기하며 토론해 보기

1-1) '광문자전'을 잘 읽어 보았나요? 지금부터 '광문자전'의 내용을 생각하며 이런저런 이야기를 나누어 봅시다. 주변의 친구들 중에 많은 친구들이 좋아하고 따르는 친구가 있나요?

친구들이 항상 곁에 많은 친구들이 있다.

1-2) 다른 아이들이 그 친구를 유독 좋아하는 이유는 무엇일까요? 본인도 그 친구를 좋아한다면 그 친구가 좋은 이유를 세 가지만 생각해 보세요.

친구들이 곁에 많거나 다른 아이들이 유독 좋아하는 친구들을 보면 다른 사람에 대한 관심이

많고 남을 먼저 배려하거나 먼저 나서서 솔선수범하는 친구들이 많다. 또한 만나면 유쾌하고

즐겁기 때문에 그 친구를 좋아하거나 따르는 친구들이 많다.

2-1) 다른 아이들이 그 친구를 유독 좋아하는 이유는 무엇일까요? 본인도 그 친구를 좋아한다면 그 친구가 좋은 이유를 세 가지만 생각해 보세요.

친하게 잘 지내던 친구와 오해가 생겨 싸우게 되었던 일을 생각해 보며 자유롭게 답하게 한다.

2-2) 친구들과의 오해를 풀고 관계를 회복하기 위해 어떤 노력을 했나요?

친구들과 오해를 풀기 위해서는 친구들과 만나 허심탄회하게 진심을 이야기하고 자신이 잘못

한 부분이 있다면 사과를 하는 것이 좋다. 또한 오해를 풀기 위해 노력해도 풀리지 않을 때는

잠시 시간을 갖는 것도 좋다. 진실은 언제든 밝혀지는 법이다.

1-1) 광문은 병든 거지아이를 죽였다는 오해를 받고 매를 맞고 거지 소굴에서 쫓겨나게 되지요. 광문은 아픈 몸을 이끌고 어느 한 집에 들어가 집 주인에게서 거적을 빌려갔어요. 그 이유가 무엇이었나요?

광문은 몸이 아파 밥을 빌러가지 못하고 거지 소굴에서 흐느끼는 거지아이를 불쌍히 여겨 몸소 나가 밥을 빌어 왔다. 병든 아이들 먹이려고 보니 아이는 벌써 죽어 있었고 거지 아이들이 돌아와서는 광문이 그 애를 죽였다고 의심하여 때리고 쫓아낸다. 광문이 집주인에게 거적을 받아들고 거지아이들이 버린 병든 아이의 시체를 싸서 공동묘지에 짊어지고 가 묻고 장사를 지내준다.

1-2) 집 주인이 거적을 빌려간 광문의 뒤를 따라 가서 그의 행적을 모두 지켜 보았어요. 광문의 행동을 지켜본 집 주인은 그 이후 광문을 어떻게 했나요?

집주인은 광문을 의롭게 여겨 데리고 집에 돌아와 의복을 주며 후하게 대우해 준다. 또한 약방을 운영하는 어느 부자에게 광문을 천거하여 고용인으로 삼게 하였다.

2-1) 언제부턴가 약방 주인이 집을 나설 때 광문이 지키고 있는 약방을 돌아보며 미심쩍은 표정을 짓고는 했는데 약방 주인이 광문을 의심한 이유는 무엇인가요?

약방 주인은 자신이 외출한 사이 돈이 없어지자 광문을 의심하기 시작하였다.

2-2) 광문을 의심하던 약방 주인의 오해는 어떻게 풀리게 되었나요?

며칠이 지나 약방 주인의 처조카가 돈을 빌리러 왔다가 사람이 없어 자신이 우선 돈을 들고 갔었다며 약방주인에게 돈을 갚았고 약방 주인은 그제서야 자신이 광문을 의심하였다는 것을 깨닫고 광문에게 진심으로 사과하게 되었다.

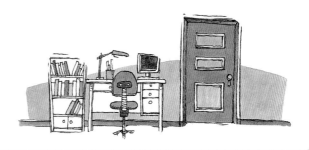

다. 조화로운 삶을 위해서

1) 이 작품의 작가인 박지원이 광문자전을 통해 제시하고자 하는 새로운 인물형은 무엇인지 이야기해 봅시다. 이러한 인물형이 현재 우리가 살고 있는 사회에도 꼭 필요한지 토의해 봅시다.

권모술수와 자신의 이익을 위한 조변석개가 횡행하고 있는 오늘날 시류에 편승하지 않는 광문의 성품은 우리에게 하나의 귀감이 될 수 있다. 신분은 천하지만 순수성과 거짓 없는 인격을 지니고 다른 사람들을 진심으로 생각하고 배려할 수 있는 광문과 같은 사람은 오늘날 우리가 살아가는 사회에서도 꼭 필요한 인물상이다.

'광문자전' 관련 활동

 STEP 1 '예덕 선생전'을 읽고 인물 비교해 보기

〈예덕 선생전 줄거리〉

엄행수(嚴行首)는 똥을 치워 나르는 천한 자였으나 선귤자(蟬橘子 : 이덕무[李德懋]의 호)는 그에게 '예덕'이라는 호까지 지어주고 선생으로 대접하며 친하게 지냈다. 예덕 선생은 동네로 돌아다니며 똥을 져 나르는 일에 종사하는 미천한 사람이다. 사람들은 그를 엄 행수라 불렀는데, 엄은 성이고 행수는 늙은 역부를 뜻하는 말이다. 선귤자의 제자 자목은 스승이 비천한 엄 행수와 벗하는 것을 못마땅하게 여겨 비판한다. 이에 선귤자는 이해(利害)로 사귀는 시교(市交)와 아첨으로 사귀는 면교(面交)는 오래 갈 수 없다고 말하고, 마음으로 사귀고 덕을 벗하는 도의의 교를 해야 한다고 설득한다. 그는 이어서, 엄 행수는 신분이 미천하고 하는 일은 더럽지만, 자신의 분수를 지키면서 욕심내지 않고 근면 성실하고 정직하게 살아가는 마음이나 행동은 향기롭고 의롭기 때문에 예덕 선생으로 일컬으며 도의의 교를 나누지 않을 수 없다고 설명한다.

가. '예덕 선생전'에서 그리고 있는 예덕 선생은 어떠한 인물인가요?

_____

_____

_____

_____

나. 예덕 선생과 '광문'이의 공통점은 무엇이라고 생각하나요?

_____

_____

_____

_____

STEP 2 정직한 삶을 위한 나의 다짐

– 거짓되지 않고 정직하게 살기 위해서 나는 어떻게 해야 하나요?

– 정직한 삶을 위한 나의 다짐을 아래에 쓰고, 서명 란에 사인을 남기세요. 나의 작은 다
짐이 세상을 바꿉니다.

정직한 삶을 위한 나의 다짐	서명

STEP 3 관련 도서 소개

큰 바위 얼굴 〈나다니엘 호손, 호르헤 루이스 보르헤스/ 바다출판사/2010〉

부와 명예, 권력을 가져야만 훌륭하고 큰 사람은 아니다. 이 책
의 어니스트와 같이 자신의 삶의 과정에서 진실한 말과 행동, 생각
으로 큰 사람은 만들어지는 것이다.

STEP 1 '세상에서 가장 가난한 대통령'의 줄거리

호세 무히카는 우루과이 의회에 입성해 하원 의석을 차지한 최초의 투파마로스 게릴라 대원으로 '로빈후드'라고 불렸다. 1970년 13년간 독방에서 수감생활을 했고 1985년 석방되어 민중참여운동에 참여했다. 그는 전통적 방식의 구습을 단절하기 위해 우루과이 정치계에 등장한 초선의원이었다. 매우 검소하게 살았고 다른 정치인들과는 다르게 말하고 행동했다. 특히 외모에 그리 신경쓰지 않았으며 정장을 차려 입지 않았다. 초서의원으로서 하원에서 정견발표를 한 이후 무히카의 역할과 영향력은 해를 갈수록 커져갔다. 그는 농축수산부 장관, 상원의원을 거쳐 대통령이 되어 타바레 바스케스 대통령에 이어 우루과이에 두 번째 좌파 정부를 열었다.

친근하지만 카리스마 넘치는 무히카는 재임 기간 내내 국민들의 높은 사랑을 받았고 2015년 3월 1일에 지지율 65%로 대통령 임기를 마치고 다시 상원의원으로 돌아왔다. 우루과이 사회의 불평등을 줄이고 경제를 성장시켰으며 참된 행복의 가치를 끊임없이 역설하며 스스로 검소한 삶과 나누는 삶을 실천하여 더 나은 세상을 만드는 데 기여했다는 평가를 받고 있다. 고등학교 졸업장도 없는 게릴라 전사에서부터 국민의 신망을 받는 대통령이 되기까지 파란만장한 인생을 걸어 온 그는 '체 게바라 이후 가장 위대한 남미 지도자'로 불린다.

그는 노벨 평화상도 거부하고 월급의 90%를 기부하고 대통령 궁을 노숙자 쉼터로 내주고 우루과이에 수도 몬테비데오에 농장을 짓고 산다. 30년 된 낡은 차와 집이 그의 전 재산이다. 하지만 그는 삶에 대한 뚜렷한 철학과 소신을 갖고 일상에서 실천하면서 여유와 자족을 누리고 있다. 주말에 작업복 차림으로 자신의 농장에서 땀을 흘리고 자신의 직업을 농부라고 소개하기도 한다. 퇴근 후에 동네 슈퍼에서 한가로이 차를 마시거나 이웃들과 담소를 나누는 모습은 대개의 대통령들과는 한참 다른 모습이다. 국민들 사이에서 '페페Pepe'라는 애칭으로 불린다. 그는 세상 사람들에게 '세상에서 가장 가난한 대통령'이라고 불리며 몬테비데오 외곽의 허름한 농가에서 직접 농사를 지으며 아내이자 정치적 동반자인 루시아 여사, 한 쪽 다리를 잃은 강아지 마누엘라와 함께 살고 있다.

대통령으로서 자신의 권력을 사용하여 사리사욕을 채우지 않고 국민을 위한 정치를 실천하고 정직하고 청빈한 삶을 살았던 무히카 대통령의 삶을 통해 우리가 어떻게 살아가야할 것인지 고민해 보자.

STEP 2 이야기하며 토론해 보기

가. 나의 삶과 관계 맺기

1-1) '세상에서 가장 가난한 대통령 무히카'를 잘 읽어 보았나요? 책의 내용에 관한 이야기를 함께 나누어 봅시다. 학급에서 임원 활동을 해 본 경험이 있거나 친구들의 학급 임원 활동을 떠올려 봅시다.

　　학급에서 임원 활동을 해 본 경험이 있거나 친구들의 학급 임원 활동을 떠올려 자유롭게 대답하게 한다.

1-2) 학교에서 학급아이들을 대표하는 학급 임원에게 가장 필요한 자질 2가지를 꼽아보고 그 자질이 왜 필요한지 이야기해 봅시다.

　　– 소통능력 : 학급임원은 학급 친구들의 대표자로서 학생들 사이에서 이해관계가 다를 때 다리 역할을 하며 소통할 수 있는 능력이 필요하다.

　　– 배려심 : 임원은 자신의 입장보다 학급 친구들의 입장을 먼저 생각하고 그들의 입장에서 문제를 바라보고 배려하는 마음가짐이 필요하다.

　　– 문제해결능력 : 학급에서 해결해야 하는 문제가 생겼을 때 현명하게 대처하고 해결해나가는 능력이 필요하다.

　　– 공약 실천력 : 자신이 내세운 약속을 잊지 않고 실천하기 위해 노력하는 마음가짐이 필요하다.

나. 책과 친해지기

1-1) 이제 책 속으로 들어가 봅시다. 무히카의 외할아버지는 어떤 사람이었나요?

무히카의 외할아버지는 농촌 출신으로 고작 야간 학교를 3년 다닌 것이 전부지만 아주 똑똑하고 명민하고 부지런하며 실용적인 감각의 소유자였다. 시대의 흐름에 역행하지 않고 사람들과 힘을 모아 여러 개의 협동조합을 설립하기도 하였다.

1-2) 그의 외할아버지가 그에게 충고해 주었던 말은 무엇이었고 왜 그런 충고를 해 주었다고 생각하나요?

무히카의 외할아버지는 무히카에게 "항상 맨땅을 사거라."라고 말씀하시곤 했다. 집도 없고 다른 유형의 건축물도 없는 그런 땅을 사라고 충고했다. 땅은 그 땅에서 무엇을 하고자 하느냐에 따라 의미나 가치가 달라지기 때문이다.

2) 무히카는 '정치가에게 가장 이상적인 삶의 방식은 그들이 봉사하고자 하는 또는 대표하고자 하는 다수의 사람들처럼 사는 것이다'라고 이야기 했어요. 무히카의 이 말이 우리 사회에 던지는 의미는 무엇일까요?

정치인은 국민을 대표하여 국민들의 삶을 더욱 윤택하게하기 위해 노력해야 하는 사람들이다. 하지만 우리 사회를 돌아보면 정치인들은 국민 위에 군림하고 권력을 이용하여 자신의 이익을 추구하는 경우가 많다. 이러한 정치인들의 행동에 일침을 가할 수 있는 말이다.

3) 무히카 대통령이 국민들에게 신임을 받게 된 이유는 무엇이라고 생각하나요?

무히카의 말은 항상 진심이 담겨 있고 무심코 뱉는 말이 없다. 또한 모든 말이 소박함에서 나온다. 사람들과 소통하는 법을 알고 있으며 생각과 행동이 다르지 않아 국민들에게 신임을 준다.

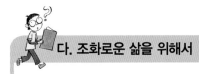

1) 이제 책 밖으로 나와 사회에 대한 이야기를 한 번 해 보겠습니다. 요즘 우리나라에서도 공직자들의 부정부패가 연이어 드러났습니다. 사람들을 속이고 자기 자신마저 속여 이제 무엇이 거짓인줄도 모르는 듯한 모습을 보이기도 합니다. 아래의 글을 읽고 공직자들의 부정부패에 대해 이야기해 봅시다.

> 중국 후한 시대의 관료들은 크게 부패해 있었다. 뇌물이 오고가고 부정한 청탁이 그치지 않았다. 물론 그 가운데 청렴하고 고결한 관리도 없지는 않았다. 양진이란 이름을 가진 사람도 그런 사람이었다. 그는 아는 것이 많고 청렴한 인물로서 관서 출신이기 때문에 '관서의 공자'라는 칭찬을 받았다고 한다. 그가 동래군의 태수로 부임하는 도중 어느 숙소에 묵었을 때 밤늦게 그 고장의 현령이 찾아왔다.
>
> "태수 나리, 소인을 모르시겠습니까? 은혜를 입었던 왕밀이옵니다."
>
> 그러고 보니 그가 생각났다. 자기가 감찰관으로 있던 시절에 학식이 뛰어나 과거급제를 시켜 주었던 인물이었다. 다정하게 이야기를 나누다가 왕밀은 금 열 근이라는 거액을 양진에게 주려하였다. 지난날 과거에 급제시켜 준 데 대한 은혜 갚음이라는 것이다.
>
> "나는 그대의 학색과 인품을 기억하는데 그대는 나의 사람됨을 잊었단 말이오?"
>
> 양진은 온화하면서도 단호한 어조로 말했다.
>
> "아니올시다. 태수 나리. 이것은 결코 뇌물이 아니라 그저 사람의 도리일 뿐이올시다."
>
> "그대가 나의 예상대로 현령 자리에까지 올라 주었으니 나에게 대한 보은으로 족하오"
>
> "이 밤중에 알 사람도 없지 않습니까? 이 방에는 지금 태수님과 소인밖에는 없으니……."
>
> "무슨 말이오! 하늘이 알고, 땅이 알고, 그대가 알고, 내가 알잖소?"
>
> 왕밀은 부끄러움을 느끼고 돌아갔다.

신문 스크랩 등을 통해 현 사회에서의 부정부패의 모습을 조사해 보고 친구들과 이야기 나누어 볼 수 있게 한다. 윗글의 양진과 고장의 현령의 대화를 통해 부정부패 척결을 위해 어떤 자세가 필요한지 자유롭게 이야기해 보게 한다.

'세상에서 가장 가난한 대통령' 관련 활동

STEP 1 자신의 20년 후 명함을 상상하여 그려 봅시다.

나의 명함

STEP 2 자신이 직업 생활을 하는 중에 '정직'이라는 신념을 지키지 않으면 어떤 일이 일어날까요?

 STEP3 관련 매체

 관련 영상 시청

지식채널 e- 군주론

'거짓말쟁이가 되십시오. 혼란을 일으키십시오. 두려움에 떨게 하십시오. 권력은 오랫동안 당신 것이 될 것입니다.' 600년 전 정치 이론가 니콜로 마키아벨리가 당시 정치지도자 '군주'에게 헌정한 정치 기술인 군주론에 담긴 내용이다. 마키아벨리는 겉으로는 왕들을 가르치는 체했지만 그가 진정으로 가르쳤던 이들은 대중이었다.

"잘 사는 삶이란 자식들이 정직, 공정, 배려를 생각할 때 당신을 떠올리는 삶이다."

– 미국작가 H. 잭슨 브라운 주니어

★ 위 영상을 보고 우리 사회의 지도자를 뽑을 때 우선적으로 생각해야 하는 덕목은 무엇인지 정리해 봅시다.

STEP 1 '당신은 정직한가'의 줄거리

　　요즘 사회를 둘러보면 어떤 조직에서건 거짓말, 뇌물, 그릇된 충성 등 숱한 부정과 싸우지 않고서는 살아남을 수 없는 시대가 되었다. 또한 평생직장이라는 개념도 사라져서 상사도 회사도 더 이상 든든한 버팀목이 되어 주지 못하는 것이 사실이다. 이럴수록 오히려 스스로 철저하게 정직한 사람만이 살아남을 수 있고 또한 정직을 통해 회사와 조직을 건강하게 지켜낼 수 있다. 이 책은 숱한 윤리적 딜레마에 처한 직장인과 조직 구성원들에게 한 개인의 윤리적 생존법을 제시한다.

　　이 책의 저자는 "법은 해서는 안 될 일을, 윤리는 해야 할 일을 말해준다."라고 말하고 있다. 그래서 그 무엇보다 윤리적 개념이 우선이라고 강조한다. 이에 모든 상황에서 자신의 윤리적 양심을 지킬 수 있는 방법으로 '윤리 나침반'을 제안하고, 각각의 상황에서 윤리 나침반을 어떻게 활용하는지 설명한다. 또한 윤리 나침반을 통해 딜레마를 극복한 사람들의 얘기와 진솔한 조언을 함께 담았다. 조직 내에서 부정과 거짓을 요구받았을 때, 당신을 지켜줄 수 있는 건 오직 당신 자신의 정직뿐이며 정직이라는 나침반으로 무장하였을 때 당신을 해칠 수 있는 것은 아무 것도 없다. 이 책은 숱한 윤리적 딜레마에 처한 직장인과 조직 구성원들에게 그 딜레마를 깨트리고, 회사도 직장 상사도 지켜주지 않는 한 개인의 윤리적 생존법을 제시한다.

　　윤리 나침반을 통해 판단한 정직한 말과 행동이 자기 자신을, 또한 조직과 회사를 긍정적인 방향으로 이끌 수 있도록 책에 소개된 사람들의 사연에 귀 기울여 보자.

가. 나의 삶과 관계 맺기

1-1) '당신은 정직한가'를 잘 읽어 보았나요? 친구들이 거짓말을 하고 난 뒤 그 거짓말을 수습하기 위해
   자신을 도와달라고 부탁한 적이 있나요?

   엄마나 선생님께 거짓말을 한 친구가 거짓말이 탄로 나지 않게 하려고 거짓말을 함께 해달라고

   했던 경험이 있는지 되돌아본다.

1-2) 그때 많이 당황스러웠죠? 친구를 모르는 척하는 것은 우정을 저버리는 행동 같고 그렇다고 거짓
   말을 도와주는 것도 잘못된 행동이라는 생각이 들었을 거에요. 그때 어떻게 행동했나요?

   -아무리 친구들 위한 행동이라고 하더라고 남에게 거짓말을 해야 하는 것이라 거절했다.

   -친구를 위한 선의의 거짓말이라고 생각하여 친구가 원하는 대로 거짓말을 도와준 적이 있다.

2) 위기에서 벗어나기 위해 거짓말을 한 적이 있나요? 그 거짓말의 결말은 어땠나요?

   거짓말을 통해 문제를 해결하려고 했던 적이 있는지 지난 삶을 되돌아보고 자유롭게 이야기하

   게 한다. 거짓말을 해서 위기에서 벗어나려고 했을 때 당장은 문제가 해결되는 듯 보이지만 길

   게 보면 거짓말이 탄로가 나서 상황이 더 어려워지는 경우가 많다.

나. 책과 친해지기

1-1) 이제 책 속으로 들어가 볼까요? 작가는 조직 내에서 윤리적 딜레마에 빠지게 되는 상황은 무엇 때문이라고 이야기하나요?

책에서는 조직 내에서 윤리적 딜레마에 빠지는 이유 중 하나는 윤리적 가치가 충성과 상충된다고 혼동하기 때문이라고 말한다. 대개 상사와의 관계에서 생기는 문제가 많은데 상사의 작은 실수나 거짓말을 감싸주는 것이 상사에 대한 충성이라고 착각하는 경우가 이에 해당된다. 작가는 상사에 대한 그릇된 충성은 결국 자신과 상사 모두를 망칠 뿐이라고 말한다.

1-2) 책에서는 윤리적 딜레마로 결정을 내리기 어려울 때 윤리 나침반을 기준으로 결정하는 것이 좋다고 이야기합니다. 윤리 나침반의 우선순위는 어떻게 되나요?

모든 상황에서 자신의 윤리적 양심을 지킬 수 있는 방법으로 윤리 나침반을 제안한다. 윤리 나침반을 사용할 때 가장 먼저 자신을 지키는 방법인지 물어보고 그 다음으로 회사, 마지막으로 상사를 보호하는 방법으로 일을 해결해 나가야 한다고 말한다. 윤리 나침반의 우선순위는 '자기 자신〉회사(조직)〉상사'가 되는 것이다.

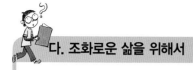

1-1) 이제 책 밖으로 나와 여러분의 삶을 한 번 이야기해 보겠습니다. 최근 제정된 청탁금지법을 아시나요? 이러한 법안이 제정된 이유는 무엇이라고 생각하나요?

우리 사회는 이웃, 친척, 학교 선후배 등 인적 네트워크 문화가 강해 그러한 관계에 있는 사람들의 부탁을 공직자들이 거절하기 어려운 문제가 있다. 그래서 청탁금지법은 공무원행동강령을 법으로 끌어올려 공적 업무자들이 규범을 형식적이 아닌 내면화를 할 수 있도록 하여 공직사회의 기강을 세우고자 하는 취지로 제정되었다. 다수의 선한 사람들이 알게 모르게 부정에 젖어들게 되는 일을 막기 위함이다.

1-2) 청탁금지법에서는 부정청탁을 금지하기 위해 직무관련성이 있는 사람에게는 금액에 관계없이 금품수수를 금지하고 있어요. 하청업체의 직원이 콘서트 티켓을 건넨다면 어떻게 행동하는 것이 좋을까요?

청탁금지법에 따르면 하청업체와 같이 업무관련성이 있는 이가 제공하는 어떤 금품도 받아서는 안 된다. 돈이나 상품권에 비해 콘서트 티켓은 금품의 범주에 들어가지 않고 소정의 선물이라고 생각하기 쉬우나 정중하게 거절하고 받지 않는 것이 좋다.

2) 탈무드는 남에게 해를 끼치지 않는 거짓말을 '하얀 거짓말'이라고 정의합니다. 이러한 하얀 거짓말의 구체적인 상황을 상상해 보고 그것이 필요한 이유가 무엇인지 이야기해 볼까요?

우리 주변에서 볼 수 있는 하얀 거짓말로는 여자가 남자의 데이트 신청을 거절하기 위해 둘러대는 거짓말이나 정부가 경제 불황 상태에서 민심을 안정시키기 위해 낙관적인 입장을 발표하는 경우, 의사가 시한부 환자에게 환자의 상태에 대해 낙관적으로 말하는 경우 등을 들 수 있다. 이러한 하얀 거짓말은 희망을 주어 상황을 극단적으로 악화시키지 않는다. 또한 때로는 진실보다는 허위가 상대방을 위하는 길일 수도 있다.

'당신은 정직한가' 관련 활동

 거짓말 경험 글쓰기

* 거짓말과 관련된 경험을 생각해 보고 자신이 거짓말을 했던 경험이나 거짓말 때문에 어려움을 당했던 경험을 떠올려 글로 써 봅시다.

* 사람과 사람 사이 혹은 사람과 자연 사이의 메니페스토 선언문 쓰기

※매니페스토 : 매니페스토(Manifesto)의 어원은 라틴어의 마니페스투스(manifestus)이다. 당시에는 증거 또는 증거물 이란 의미로 쓰였다. 이 단어는 이탈리아어로 들어가 마니페스또(manifesto)가 되었는데 그때는 과거의 행적을 설명하고 미래의 동기를 밝히는 공적인 선언이라는 의미로 사용되었다. 자신의 이익만을 주장하며 양보하지 않았던 것에 대한 반성과 함께 앞으로는 자신의 가치와 지향, 대안에 관하여 6하 원칙에 의해 거짓말을 하지 않겠다는 약속을 하는 글을 써 보는 것이다.

_____

_____

_____

_____

_____

_____

_____

_____

_____

_____

년   월   일   이름 :

거짓말하는 착한 사람들/ 댄 애리얼리/ 이경식 옮김/ 청림/2012

　이 책은 우리의 정직하지 못한 비윤리적인 행동이 인간관계에서, 비즈니스에서, 정치에서 어떻게 나타나며 이것이 스스로는 높은 도덕성을 갖고 있다고 생각하는 우리 모두에게 어떤 영향을 미치는지 살핀다.

2 책임, 자신의 역할과 의무를 다함

앤디 앤드루스 저 | 세종서적

도리 힐레스타드 버틀러 저 | 미래엠앤비

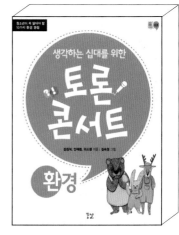

김강석, 안재정, 최소영 글 김숙경 그림 | 꿈결

맛있게 읽는 도서

| 관련 도서 |

책임

1. 폰더 씨의 위대한 하루 / 꿈으로 세상을 제패하다
2. 트루먼 스쿨 악플 사건 / 우아한 거짓말
3. 토론 콘서트 (환경)

CHAPTER 2

어떻게 읽을까요?

1 자신의 선택의 중요성을 생각하며 읽어요.

2 자신의 선택과 그에 따르는 결과에 대해 책임지는 자세가 필요함을 생각하며 읽어요.

3 자신 뿐 아니라 가족, 지역, 국가, 지구에까지 자신의 책임이 머무름을 인지하며 읽어요.

어떤 내용일까요?

1단계 : 폰더 씨의 위대한 하루

자신의 현재의 모습은 과거의 수많은 선택들로 인한 결과물입니다. 폰더 씨의 엉망이 되어 버린 일상은 결국 폰더 씨의 선택에 의한 것이고, 그 책임은 온전히 폰더 씨에게 있습니다. 그렇다면 망가져 버린 삶을 바꿀 기회는 주어지지 않는 것일까요? 이 책은 위인들의 입을 통해 '책임 있는 현재를 살아가면 얼마든지 미래는 변화한다.'라고 이야기해 주는 도서입니다. 그렇다면 책임 있는 선택이란 무엇일까요? 이 책은 그 덕목들을 수용하고, 내면화할 때 우리의 미래는 반드시 변화될 것이라 이야기합니다.

2단계 : 트루먼 스쿨 악플 사건

왕따 문제의 책임은 누구에게 있을까요? 이 책은 피해자와 가해자, 그리고 방관자의 다양한 관점에서 왕따 문제를 살펴봄으로써 모두가 그 책임에서 자유로울 수 없음을 이야기해 주는 도서입니다. 또한 '자유'라는 명목 아래 행해지는 '책임 없는 행동'들이 타인에게 얼마나 커다란 상처를 남길 수 있는지 이야기해 주는 책입니다.

3단계 : 토론 콘서트 (환경)

현세대의 선택이 미래 세대의 삶에 영향을 끼칠 수 있습니다. 우리가 어떻게 환경문제를 대하고, 해결해 가는가에 따라 미래 세대가 살아갈 환경은 달라지게 될 것입니다. 그러하기에 우리는 우리 주변에서 일어나고 있는 모든 환경 문제에 관하여 책임의식을 가져야 합니다. 이제 더 이상 환경 문제는 환경 문제에 종사하는 자들의 영역이 아님을 깨달아야 합니다. 이 책은 우리의 일상에서 일어나는 환경 쟁점에서 시작하여 지구 공동체의 쟁점까지 살피면서, 그 모든 문제에 우리의 책임 있는 자세가 요구됨을 이야기 하고 있습니다.

책임에 대해 생각해보기

　이탈리아의 베수비오 화산의 폭발로 사라져버린 도시 폼페이는 수천 년 만에 그 유적과 함께 곳곳에서 발견되었다. 어떤 이들은 위험을 피해 간 듯 깊은 지하실에서 발견되기도 하고, 침실에서 발견되기도 하였다. 그런데 로마의 파수병은 무기를 꽉 쥔 채 그가 지키도록 명령받은 성문 앞에 서 있는 채로 발견되었다고 한다. 이 이야기가 우리에게 감동으로 다가오는 것은 맡은 일에 끝까지 책임을 다한 사람들에게서 오는 것이다. 책임이란 이처럼 자신의 역할과 의무를 알고, 최선을 다하여 성실하게 수행해 내는 태도를 이야기한다. 또한 자신이 선택한 것들에 대하여 그 결과를 누군가에게 미루지 않고, 스스로 담당하는 것을 의미한다.

　이러한 책임은 크게 '자신에 대한 책임'과 '타인에 대한 책임'으로 나누어 볼 수 있다. '자신에 대한 책임'이란 인간은 누구나 스스로 선택하여 자유롭게 행동할 수 있는 만큼 그에 걸맞은 책임을 져야한다는 것이다. 자신의 행위에 대해 책임을 질 때만이 진정한 자유인이 될 수 있는 것이다. 즉 자신의 삶의 모습은 자신의 선택에 기인하는 만큼, 날마다 책임 있는 선택을 할 수 있도록 노력해야 한다. 또한 '타인에 대한 책임'은 자신 뿐 만 아니라 타인과 공동체에 대한 연대 책임이 있다는 것이다. 인간은 누구나 다른 생명체와 어울려 살아가는 연대적 존재이기 때문이다. 이 때 타인은 가족, 지역공동체, 국가, 지구공동체까지 확장하여 생각할 수 있다. 따라서 자신의 어떠한 선택이 자신의 삶의 모습 뿐 아니라 자신의 이웃과 공동체에게 영향력을 미칠 수 있음을 인지하도록 지도해야 할 것이다. 또한 어떠한 선택에는 반드시 책임이 뒤따르기에 무엇이 현명하고 바른 선택인지를 늘 고민하는 습관을 기르도록 지도해야 한다. 또한 책임 있는 행동을 실천하기 위해 필요한 덕목들(자율, 성실, 절제, 분노조절, 공감능력, 타인존중, 갈등해결능력, 소통 능력)을 키우는데 중점을 두어야 한다.

　'폰더 씨의 위대한 하루'는 자신의 과거와 미래에 대하여 총체적인 책임을 질 것을 이야기한다. 끊임없이 지혜를 찾아 나서고, 늘 행동하는 자리에 서며, 단호한 마음을 가지고, 행복한 사람이 될 것을 선택하라고 이야기한다. 또한 감사하는 마음과 용서하는 마음으로 하루를 살아갈 때, 그 미래가 바뀔 수 있음을 강조한다. 그러나 중요한 것은 이것들을 활용하지 않기로 선택한다면 희망적인 미래도 사라진다는 것이다. 즉, 자신이 선택하는 대로 미래가 결정되니 믿음을 가지고 실천하라 이야기한다.

　'트루먼 스쿨 악플 사건'은 따돌림 문제의 책임이 누구에게 있는가를 묻는다. 또한 익명이라는 장치 뒤에 숨어서 도덕적 책임을 저버린 인물들을 제시함으로써 타인에 대한 무책임한 행동이

타인에게 얼마나 커다란 상처를 주는지를 이야기한다. 인터넷 공간에서의 책임 있는 자세가 무엇인지도 생각해보게 한다.

'토론 콘서트(환경)'은 다양한 환경 쟁점들을 소개하며 그 속에서 어떠한 가치 판단을 할 것인지를 묻는 책이다. 어떠한 가치를 추구하느냐에 따라 다음 세대가 살아갈 지구의 모습이 달라질 수 있음을 이야기하며, 지구촌의 한 구성원으로서 책임 있는 선택은 무엇일지를 고민하게 하는 도서이다.

'폰더 씨의 위대한 하루' 들여다보기

 STEP 1 '폰더 씨의 위대한 하루'의 줄거리

하루하루 최선을 다하며 살았지만 폰더 씨에게 남은 것은 실직으로 인해 밀린 집세와 텅 빈 통장뿐이다. 엎친 데 덮친 격으로 사랑하는 딸은 급하게 수술을 해야 하고, 수술할 돈조차 마련하지 못하는 자신의 무능력을 한탄하던 폰더 씨는 극한 생각에 이르게 된다. 자신 앞으로 들어놓은 생명보험을 떠올리며 극단적인 선택을 하고자 하는 것이다. 그러나 인생의 막다른 상황에서 데이비드 폰더는 역사 속으로 환상여행을 떠나게 된다. 폰더 씨는 그 여행을 통해 트루먼, 솔로몬, 체임벌린, 콜럼버스, 안네 프랑크, 링컨, 가브리엘 총 7명의 역사적 인물들을 만나게 되고, 그들에게서 인생의 고귀한 메시지들을 얻게 된다. 그 메시지는 책의 뒤표지에 기록된 "내가 만들지 않은 인생은 없다. 다만 행복한 이는 행복하기를, 불행한 이는 불행하기를 선택했을 뿐이다."라는 것으로 요약될 수 있다. 즉, 자신이 선택한 것들의 결과가 현재의 모습이고, 그 현재에서 책임 있는 선택을 할 때 행복한 미래가 주어진다는 것이다. 꿈에서 깬 폰더 씨의 상황은 변한 것이 아무것도 없다. 그러나 폰더 씨의 마음 자세가 달라졌고, 삶을 대하는 태도가 달라졌다.

STEP 2 이야기하며 토론해보기

가. 나의 삶과 관계 맺기

1-1) 여러분은 자신이 맡은 일에 최선을 다하는 편인가요? 아니면 적당히 하는 편인가요?

_____

1-2) 최선을 다하지 못하고 있다면 그 이유는 무엇인가요?

의지가 부족해서, 게을러서, 꿈을 찾지 못해서 등 다양하게 대답할 수 있다.

_____

1-3) 최선을 다해 자신의 꿈을 이뤄낸 사람을 듣거나 본 적이 있나요?

위인전에 등장하는 위인들이나 가깝게는 운동선수, 아이돌 등이 있다.

_____

2-1) 존경하는 인물이 있나요? 그 인물을 존경하는 이유는 무엇인가요?

가까운 가족, 위인, 연예인 등 다양하게 대답할 수 있다.

2-2) 여러분의 삶에 힘을 주는 명언이나 속담 같은 것이 있나요? 또는 자신의 삶을 반성하게 하고, 돌이키게 하는 말들에는 어떤 것들이 있나요?

성공한 사람이 되려 하기보다 가치 있는 사람이 되려고 노력하라.(아인슈타인), 책은 가장 조용하고 변함없는 벗이다. 책은 가장 쉽게 다가갈 수 있고 가장 현명한 상담자이자, 가장 인내심 있는 교사이다.(엘리엇)

나. 책과 친해지기

1-1) 데이비드 폰더 씨는 현재 어떠한 상황에 처해 있나요?

실직을 당했고, 아내의 차 월부금과 집세는 밀렸다. 딸 제니가 아프지만 병원비가 없어 고민하고, 파트타임으로 구한 일자리에서도 잘렸다.

1-2) 폰더 씨의 차가 거대한 참나무를 들이박는 순간, 폰더 씨가 한 생각은 무엇이었나요?

왜 하필이면 나란 말입니까?

2-1) 폰더 씨가 가장 처음으로 만난 인물은 트루먼이었습니다. 트루먼은 폰더 씨에게 "자네의 미래는 자네가 결정하기 나름"이라고 이야기합니다. 그 말의 뜻은 무엇인가요?

생각이 결정을 좌우하고, 그 선택의 결과가 다양한 모습으로 나타난다. 따라서 미래는 현재의 자신이 어떠한 선택을 하느냐가 결정한다는 뜻이다.

2-2) '공은 여기서 멈춘다.'는 말은 무슨 뜻인가요?

공을 누군가에게 떠넘기지 않고, 자신이 그 공에 대한 책임을 지는 것을 의미한다. 즉, 자신의 문제에 대한 책임을 다른 누구(유전자, 교육 환경, 부모 등)에게 전가하는 것이 아니라 스스로 받아들이는 것을 의미한다.

3-1) 이 책에는 총 7명의 역사적 인물들이 등장합니다. 그 중에서 세상에 잘 알려지지 않은 인물은 누구입니까? 그는 어떠한 인물입니까?

조슈아 체임벌린, 남북 전쟁에서 북군의 대령으로, 게티스버그 전투를 승리로 이끈 사람. 마지막 공격을 앞에 두고, 물러서기보다 전진을 선택한 사람.

3-2) 역사적으로 유명하지 않은 인물인 체임벌린을 등장시킨 이유는 무엇인가요? 그 이유를 연사의 연설 속에서 찾아보세요.

한 평범한 사람의 선택이 남북전쟁의 흐름을 돌려놓았듯이, 우리들의 선택과 결단이 세상을 바꿀 수 있음을 이야기해 주기 위해서이다. 또한 모든 사람의 인생에는 결단을 내려야 할 때가 오고, 그 결단은 아직 태어나지 않은 세대에게까지 영향을 미칠 수 있음을 말해주기 위해서이다.

4) 트루먼, 솔로몬, 체임벌린, 콜럼버스, 안네 프랑크, 링컨, 가브리엘 총 7명의 등장인물 중 현재의 자신의 상황에서 누구의 조언이 가장 큰 도움이 되었나요? 어떠한 조언이 가장 인상 깊게 다가왔는지 이야기해 봅시다.

> 안네 프랑크, '오늘 나는 행복한 사람이 될 것을 선택하겠다.' 행복도 선택할 수 있는 것임을
> 깨달았다. 주어진 것에 감사하지 못하고, 불평했던 내 모습을 반성하게 되었다.
> 각자 자신에게 가장 인상 깊게 다가온 인물들과 그 조언들에 대하여 이야기해 본다.

다. 조화로운 삶을 위해서

1-1) 원자폭탄을 사용하는 것이 두렵고, 싫었음에도 트루먼이 그러한 결정을 내린 이유는 무엇이었나요?

> 최고사령관으로서 하루빨리 전쟁을 끝내고 장병들을 귀국시킬 책임을 지게 되었기 때문이다.
> 전쟁을 종식시킬 가장 효과적인(대가와 희생이 적은) 방법으로 판단했기 때문이다.

1-2) 자신에게 주어진 책임에는 어떤 것들이 있나요? 그 중에 누군가에게 미루고 싶은 책임도 있나요?

> 동생을 돌 볼 책임, 주어진 공부를 열심히 할 책임 등

2-1) 폰더 씨는 7가지 결단을 잘 실천했을 때 자신의 삶이 어떻게 변화할지 그 미래를 보고 돌아왔습니다. 그러나 그것은 꿈이었고, 상황은 변한 것이 없었습니다. 폰더 씨는 과연 그 7가지 결단들을 잘 실천했을까요? 단순히 결심하는 것과 그것들을 실천하는 것에는 큰 차이가 존재합니다. 결단한 것을 실천하는 것이 어려운 이유는 무엇일까요?

> 폰더 씨는 그것들을 실천했을 때 자신의 삶이 변화한 것을 직접 보고 왔기 때문에 어떻게든 지키
> 려고 했을 것 같다. 결단한 것을 실천하기 어려운 이유는 의지가 부족해서이다. 성실하지 못하고,
> 절제하지 못하고, 인내하지 못하기 때문이다.

2-2) 성공하기 위해 혹은 꿈을 이루기 위해 실천해야 함에도 지키기 어려운 것들이 있나요?

> 자투리 시간을 아끼는 것이다. 공부를 열심히 하는 것이 어렵다. 등

2-3) 자신의 미래를 책임지기 위해 오늘 내가 해야 할 일들을 적어봅시다.

> 시간을 아껴 사용하기, 공부 열심히 하기 등

 '폰더 씨의 위대한 하루' 관련 활동

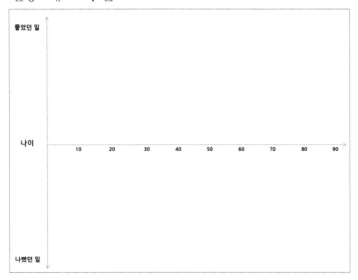

STEP **1** 인생그래프 그리기 활동

활동의 의의

① 과거의 인생은 이미 결정되었고 바꿀 수 없지만, 미래의 인생은 현재의 선택들로 얼마든지 변화 가능함을 알게 한다.

② 인생이 언제나 좋은 일들만 가득할 수 없음을 깨달으며, 힘든 시기를 보내고 있어도 밝은 미래를 꿈꿀 수 있음을 알게 한다.

③ 미래에 이루기 원하는 자신의 인생을 그려봄으로써 현재 자신이 어떠한 노력을 기울여야 하는지 깨닫게 한다.

• 준비물 : 인생그래프 표, 펜

활동 방법

① 먼저 현재까지 자신의 삶의 커다란 이슈들을 돌아보아 인생그래프에 표시해보세요.

② 앞으로 인생에서 일어날 수 있는 이슈들을 예상해보고, 어떠한 좋은 일들과 나쁜 일들이 일어날 수 있는지 생각해보세요. 이를 그래프에 표시해 보세요.

③ 자신이 꿈꾸는 미래를 만들기 위해서 어떠한 것들을 노력하며 실천해야 할지 생각해 봅시다.

활동의 의의

자신의 꿈, 좌우명, 명언 등을 시각화하여 그 뜻을 되뇌고, 내면화할 수 있도록 돕는다.

• 준비물 : 네트망, 나무집게, 색지, 포스트잇, 펜, 기타 꾸미기 용품

활동 방법

① 이루기 원하는 일이나 꿈이 있나요? 단기적으로 이루고 싶은 일, 또는 장기적으로 이루고 싶은 꿈 등을 포스트잇이나 색지에 적어 보도록 해요.

② 이미 여러분이 꿈꾸고 있는 꿈을 실현하고, 성취한 사람이 있나요? 그 사람의 이름을 넣어 '나는 반드시 제 2의 ○○○이 된다.'라고 적어봅시다.

③ 좌우명이나 명언 등 자신에게 용기를 주거나 힘이 되는 한 마디를 종이에 적어봅시다.

④ 색지나 포스트잇에 적은 것들을 나무집게를 사용해 네트망에 걸어 봅시다.

⑤ 네트망을 자신의 방이나 책상과 같은 곳에 걸어두고, 종이에 적은 내용들과 다짐들을 여러 번 읽어봅시다. 일이 잘 풀리지 않거나, 포기하고 싶거나, 힘이 들 때 반복해서 읽으면 큰 도움이 될 것입니다.

꿈으로 세상을 제패하다』/ 마이클 펠프스 · 브라이언 카제뉴브 지음 /
김순미 옮김 / 이미지박스 (2009)

마이클 펠프스는 주의력 결핍 과잉행동장애를 가지고 있었다. 그의 초등학교 선생님은 그가 앞으로 살아가면서 절대 어떤 일에도 집중을 하지 못할 것이라고 이야기했다. 그런 그가 수영으로 세상을 제패하게 된다. 그것이 가능했던 것은 물론 펠프스 자신의 끝없는 노력이 있었기 때문이다. 또한 수영계를 발전시키고자 하는 꿈이 있었기 때문이다. 그러나 그에게 보우먼 코치가 없었더라면 그러한 영광은 없었을는지도 모른다. 보우먼 코치는 코치로서 자신에게 주어진 역할과 책임을 온전히 수행해낸다. 흔들림 없이 자신의 책임을 완벽히 다해낸 보우먼 코치가 있었기에 수영 황제 펠프스도 존재하는 것이다.

아테네 올림픽 이후 펠프스는 음주운전을 하게 된다. 그는 당시의 상황을 이렇게 회고한다. …그것은 나 자신이 스스로 한 일이다. 그러므로 내 행동에 대한 책임은 내게 있으며 그에 대한 결과도 전적으로 내가 감당해야 했다. … 이 책은 누구나 인생에서 크고 작은 실수를 할 수 있음을 알려준다. 중요한 것은 그 실수에 대한 책임을 반드시 져야함과 그러한 실수를 되풀이하지 않기 위해 노력해야 한다는 것이다. 책임지는 것이 길고 거북한 과정이라 할지라도 꼭 해야만 하는 일임을 이야기한다. 그러한 과정을 거친 펠프스는 다시 한 번 도전의 기회를 얻게 되었고, 베이징 올림픽에서 더 큰 영예를 얻을 수 있었다.

이 책은 자신에게 주어진 '역할에 대한 책임'과 '사회 구성원으로서의 책임' 모두를 생각해보게 하는 도서이다.

영화 '블랙' / 산제이 릴라 반살리 감독 / 2005

　　헬렌켈러를 모티프로 삼은 영화이다. 부유한 집안의 첫째 딸 '미셸'은 보지도, 듣지도 못하는 장애를 가진 소녀이다. 짐승이나 마찬가지의 삶을 사는 그녀를 가르치기 위해 그녀의 부모는 수소문하여 '사하이' 선생님을 초청한다. 사하이는 미셸을 사람답게 살아가도록 만드는 것을 그의 책임으로 알고, 최선을 다하여 가르친다. 우여곡절 끝에 'water'라는 말을 처음으로 배운 미셸은 이후 사하이의 도움으로 훌륭하게 성장한다. 인문학을 전공하고 싶어 하는 그녀를 위해 사하이는 교수들을 설득할 뿐 아니라, 기꺼이 통역사가 되어 미셸이 수업을 들을 수 있도록 돕는다. 그러다 사하이는 알츠하이머 초기에 미셸 곁에서 사라져버린다. 그 둘이 다시 만난 건 12년 후, 사하이가 모든 기억을 잃고, 심지어 말하는 능력마저 잃고 나서이다. 그런 사하이를 회복시키기 위해 미셸은 자신이 그에게 배웠던 방식 그대로 그에게 가르치기 시작한다.

가) 사하이가 미셸을 끝까지 책임지지 않고, 중간에 어렵다고 포기했더라면 어떻게 되었을까요?

　　미셸은 자신의 꿈을 이루지 못하고 중도에 포기했을 것이다.

나) 사하이가 자신의 책임을 다했다는 것은 자신에게 맡겨진 역할을 충실히 수행했다는 이야기입니다. 즉, 교사로서의 자신의 역할에 성실히 임한 것이지요. 여러분에게는 어떠한 역할이 주어졌나요?

　　자식으로서의 역할, 친구로서의 역할, 학생으로서의 역할 등

'트루먼 스쿨 악플 사건' 들여다보기

STEP 1 '트루먼 스쿨 악플 사건'의 줄거리

교내 신문 편집장을 맡고 있던 제이비는 교내에서 일어나는 생생한 이야기를 담고 싶었지만, 선생님은 온통 학교를 홍보하는 기사만 쓰도록 한다. 이에 반발한 제이비는 컴퓨터 능력이 탁월한 친구 아무르와 함께 인터넷상에 진실하고 솔직한 신문을 만들고자 〈트루먼의 진실〉이라는 사이트를 개설한다. 그리고는 누구나 자유롭게 글을 쓸 수 있고, 사전검열도 없을 거라는 두 가지의 원칙을 세워 두었다. 그러나 그러한 자유는 악용되어, 한 친구를 괴롭히는데 사용된다. 트루먼 학교의 최고의 퀸카였던 릴리에 대하여 악의적인 소문을 내고, 허위 사실까지 유포함으로써 순식간에 왕따로 만들어 버린 것이다. 익명이라는 장치 뒤에 숨어 없는 이야기를 만들어 내고, 아무런 죄책감 없이 그저 재미로 한 사람의 인격을 완전히 망가뜨린 것이다. 과연 누가 이러한 일을 버린 것일까.

릴리는 결국 그 범인을 스스로 찾게 된다. 그리고는 이렇게 이야기한다. "미안해."라고 말이다. 릴리 역시 과거에 그 범인에게는 가해자였음을 깨달았기 때문이다. 책임 있는 자세란 과거의 잘못에 대하여 솔직하게 고백하고, 용기 내어 사과하는 것이라 이야기해 주고 있다. 또한 이 책은 자유에는 반드시 책임이 뒤따라야 함을 이야기해 준다.

STEP 2 이야기하며 토론해 보기

가. 나의 삶과 관계 맺기

1-1) 악플을 남기거나 본 경험이 있나요? 그 때 기분은 어땠나요?

기분이 좋지 않았다. 재미있었다. 아무 생각 없었다.

1-2) 익명으로 댓글을 달 수 있는 게시판에는 왜 욕설과 거짓말, 악플들이 더 많은 걸까요?

자신의 신분이 노출되지 않으므로 죄책감을 덜 느끼게 되기 때문이다.

2-1) '찌라시'라는 말을 들어본 적 있나요? 그 내용들은 어떤 것들이었나요?

연예인이나 유명인들의 연애, 사건, 사고에 관한 내용들

2-2) 그 내용들을 믿는 편인가요? 거짓된 소문이라고 생각하나요?

2-3) 그렇다면 여러분이 그러한 소문의 주인공이고, 그것이 확실한 거짓말이라면 어떤 기분일까요? 또 어떻게 대응할 것인가요?

억울하고, 분할 것이다. 사실을 이야기하고 싶을 것이다. 그러한 소문을 만들어 낸 당사자들을 찾아내 벌을 줄 것이다.

2-4) 거짓된 소문을 만들어내는 이유는 무엇일까요?

단순히 재미를 위해서, 누군가를 깎아내리기 위해

1-1) 제이비와 아무르는 사이트 〈트루먼의 진실〉을 홍보하기 위해 투표를 하기로 합니다. 그 투표의 제목은 무엇이었나요?

트루먼 최악의 선생님을 뽑아라!

1-2) 그 투표 이후에 새로 게시된 투표 글의 제목은 무엇이었나요?

우리 학교 최고의 왕재수는 누구일까요?

1-3) 제이비와 아무르는 그 글이 비열하다고 느꼈음에도 글을 내리지 않습니다. 그 이유는 무엇이었나요?

자신들이 아닌 다른 누군가가 올린 최초의 글이었기 때문에, 자신들의 사이트의 인기를 유지하기 위해서.

2-1) 릴리는 과거에 트레버에게 상처를 준 사건이 있습니다. 어떤 일이었나요?

트레버의 생김새가 너무 못생겨서 트레버의 엄마가 트레버를 낳은 걸 후회하며 쓰러져 돌아가실지도 모른다고 이야기 했고, 이틀 뒤에 우연이지만 트레버의 엄마가 정말로 쓰러져 돌아가셨다.

2-2) 릴리가 그런 말을 내뱉은 이유는 무엇이었나요?

그저 인기 그룹의 애들에게 좋은 인상을 주기 위해서

2-3) 당시 트레버는 어떠한 마음이었을까요?

도저히 릴리를 용서할 수 없었을 것 같다. 속상하고, 비참했을 것이다.

3-1) 헤일리는 익명으로 '릴리 클라크에 대해 알고 싶은 것 베스트 10'이라는 글을 올립니다. 그 내용은 어떤 것들이었습니까?

계단에서 굴러 떨어진 얘기, 토하는 걸 참았던 얘기, 절벽에서 뛰어내린 얘기

3-2) 죄책감을 느끼지 못하는 헤일리와 그 친구들에게 카일리는 뭐라고 이야기합니까?

인터넷에서 너에 대해 그렇게 말한 글을 읽었다면 네 심정은 어떻겠니?

4) 릴리의 행동이 이상하다고 느낀 엄마는 릴리에게 무슨 일이 있는지 물어봅니다. 그러나 릴리는 엄마에게 이야기하지 않습니다. 또한 누구한테도 말할 수 없다고 생각합니다. 그렇게 생각한 까닭은 무엇일까요?

엄마가 도울 수 있다는 기대를 하지 않기 때문이다. 자신도 누군가를 괴롭혀 왔기 때문에 자신을 도와줄 사람이 없다고 판단했기 때문이다.

5) 〈트루먼의 진실〉을 접한 제이비의 엄마는 릴리에 관한 글을 내리지 않은 것에 대해 제이비와 설전을 벌입니다. 릴리에 관한 글을 직접 올리지는 않았다하더라도 글을 삭제하지 않은 것만으로도 잘못했다는 것입니다. 여러분이 이 사이트의 편집장이라면 그러한 글들을 그대로 두겠습니까? 아니면 삭제하겠습니까?

– 그대로 두어야 한다 ; 누구나 자유롭게 글을 쓸 수 있고, 사전검열을 하지 않을 거라고 밝혀 두었기 때문이다. 발언의 자유를 위해서 남겨두어야 한다.

– 삭제해야 한다 ; 다른 사람들에게 보여줘도 좋은 글인지 깊이 생각하고, 편집장의 권한으로 다른 사람에게 상처를 주고 해를 끼치는 것이라면 지워야 한다.

다. 조화로운 삶을 위해서

1-1) 릴리는 이 책의 주인공으로 왕따의 가해자이자 피해자가 됩니다. 트레버 역시 왕따의 피해자인 동시에 가해자입니다. 제이비와 아무르는 방관자라고 할 수 있고, 헤일리와 브리아나는 가해자로 등장합니다. 등장인물 중 가장 큰 잘못을 저지른 사람은 누구라고 생각합니까? 그 이유는 무엇인지 함께 이야기해 봅시다.

헤일리와 브리아나가 가장 큰 잘못을 저질렀다고 생각한다. 아무런 도덕적 책임을 느끼지 못하고 있으며, 그들이 릴리를 괴롭히는 이유 역시 명분이 없기 때문이다. 또한 릴리를 괴롭히는 방법이 인격 살인에 가깝다. 다양한 답이 가능하다.

1-2) 사회적으로 왕따 문제가 심각하게 논의되고 있습니다. 왕따 문제의 근본적 책임은 누구에게 있다고 생각합니까? 자신의 생각을 자유롭게 이야기해 봅시다.

– 피해자의 책임 ; 타인과 어울리지 못하고, 배려할 줄 모르고, 이기적인 경우가 많음

– 가해자의 책임 ; 어떠한 이유에서도 다른 사람을 괴롭히는 것은 허용할 수 없음, 피해자에게 평생 씻지 못할 상처를 주는 것이기에 그 책임이 큼

2-1) 사이버 공간에서 익명을 사용하는 것이 갖는 좋은 점과 나쁜 점에는 어떤 것들이 있을까요?

– 좋은 점 ; 자신의 의견, 주장 등을 자유롭게 표현할 수 있다. 솔직한 마음을 표현할 수 있다. 사생활이 보호된다.

– 나쁜 점 ; 자신의 잘못에 대한 책임을 지지 않고 회피할 수 있다. 익명성을 악용하여 함부로 행동을 함으로써 타인에게 상처를 줄 수 있다.

2-2) 실명으로만 게시판에 댓글을 달 수 있게 하는 것이 좋을까요? 아니면 익명으로 댓글을 달 수 있게 하는 것이 좋을까요?

– 실명으로만 게시판에 댓글을 달 수 있게 해야 한다.

: 댓글을 달 때에도 예절이 필요하다. 글을 올린 사람과 글을 통해 대화하는 것이기 때문이다. 그런데 익명을 사용하면 상대방에게 무책임하거나 폭력적일 수 있다. 실명을 사용함으로써 자신이 한 말에 대하여 책임질 수 있도록 해야 한다.

– 익명으로 게시판에 댓글을 달 수 있게 해야 한다.

: 실명으로만 댓글을 달게 한다면 사람들은 자신의 생각을 자유롭게 이야기 하지 못할 것이다. 자신의 생각을 진술하게 이야기하기에는 익명이 주는 편안함이 있다.

'트루먼 스쿨 악플 사건' 관련 활동

STEP 1 가사 바꿔 부르기

활동의 의의

• 자신만의 언어로 표현해 봄으로써 자신의 생각을 정리할 수 있다.

활동 방법

① '트루먼 스쿨 악플 사건'을 통해 얻게 된 교훈은 무엇인가요?

② 주어진 동요에 '악성댓글(악플)을 달지 말자', '왕따를 시키지 말자', '자신의 행동에 책임을 지자', '허위사실을 유포하지 말자'와 같은 주제로 가사를 바꾸어 봅시다.

③ 개사를 마쳤으면 나와서 발표해 봅시다.

〈예시〉

즐겁게 타자 치다가 그대로 멈춰라. 즐겁게 악플 쓰다가 그대로 멈춰라. 욕도 하지 말고, 거짓말도 말고, 비방도 말고, 상처주지 마. 즐겁게 타자 치다가 그대로 멈춰라. 즐겁게 악플 쓰다가 그대로 멈춰라.

개인별 혹은 모둠별로 진행할 수 있다.

주어진 동요 대신에 시조를 이용하여 진행할 수 있다.

활동의 의의

이 책에는 여러 인물이 등장하고, 각각 1인칭 시점으로 자신의 이야기를 한다. 그리하여 왕따 문제에 관하여 다각적으로 그 입장을 살펴볼 수 있다. 독자에 따라 각자가 공감했던 인물은 달라질 수 있고, 또 지지하거나 변명해주고 싶은 인물이 있을 수 있다. 또한 직접 소설 속 인물이 되어봄으로써 작품을 주체적으로 수용할 수 있다. 나아가 서로가 느낀 부분들을 나눔으로써 더 풍부하게 작품을 감상할 수 있게 된다.

활동 방법

① 작품 속에 한 인물의 입장이 되어 보세요.

② 그 인물이 되어 또 다른 등장인물에게 편지를 써 보세요.

③ 용서를 구하는 내용이어도 좋고, 자신이 그렇게 행동할 수밖에 없었던 이유를 밝히는 내용이어도 좋습니다. 편지의 내용과 형식은 자유롭게 쓰시면 됩니다. 상상을 덧붙여도 됩니다.

④ 서로의 글을 나누어 봅시다.

〈예시〉

(릴리) 에게

안녕, 릴리야!

먼저 미안하다는 말부터 전하고 싶어. 네가 나에게 커다란 상처를 줬다는 이유로 나 역시 너에게 상처를 줘도 된다고 생각했어. 지난번에 만나서 이야기한 것처럼 난 네가 나에게 했던 악담들과 그 후 이어진 엄마의 죽음으로 정말 씻을 수 없는 상처를 갖고 살았거든. 어떻게든 너에게 벌을 주고 싶었어. 그런데 지난번에 만나서 네가 미안하다고 했을 때, 갑자기 내 자신이 부끄러워지더라. 전교생에게 모욕을 주고, 거짓 소문을 퍼트린 건 난데, 용서를 구할 사람은 난데하고 말이야. 미안하다고 말해줘서 고마워. 네가 미안하다고 말하는 순간, 그동안 너에게 가졌던 나쁜 마음들이 한순간에 사라지더라. 그리고 내가 너에게 했던 잘못된 행동들도 정말 부끄러워. 너도 날 용서해 줄 수 있겠니? 정말 미안해.

(너에게 용서를 구하고픈 트레버) 가

STEP 3 관련 매체

관련 영상 시청

EBS 영상 〈지식채널 e〉 교육시리즈 - 친구 (2013.4.10.)

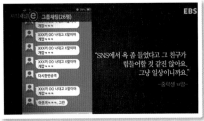

① 장난으로 친구에게 욕설을 했다면 책임이 없는 것일까요? 친구를 괴롭힌 가해자 학생에게 필요한 마음은 무엇일지 이야기해 봅시다.

결코 책임이 없지 않다. 장난에도 정도가 있고, 언어폭력도 실제 폭력만큼 그 상처가 클 수 있다.

폭력의 책임을 물어 처벌하듯 언어폭력에도 책임이 따라야 한다. 또한 피해 학생이 받았을 마음의

상처를 헤아리기 위해서는 역지사지의 마음이 필요하다.

② 왕따 문제의 경우, 가해자와 피해자만 존재하는 것이 아닙니다. 왕따를 목격하고도 모르는 척하는 방관자도 존재하지요. 그렇다면 왕따 문제를 목격하고도 방관하는 사람들에게도 그 책임이 있을까요?

ㅡ 책임이 있다. ; 방관하지 않고 돕는 사람이 있다면, 얼마든지 왕따 문제는 해결될 수 있다. 혼자서는 해결하기 어렵지만 돕는 손길이 있다면 쉽게 해결 될 수 있다.

ㅡ 책임이 없다. ; 방관자 또한 피해자일 수 있다. 자신 또한 피해를 당할지 몰라 피해자를 돕지 못하고 괴로워하는 피해자일 수 있다. 또한 자신의 안전을 우선시하는 것은 인간의 본능일 수 있다.

『우아한 거짓말』, 김려령, 창비, 2014

이 소설은 왕따 문제로 자살을 선택한 '천지'의 이야기를 담은 책이다. '화연'이 '천지'를 왕따 시킨 이유는 단순했다. 관상용이자 화풀이용 관계로 삼았던 천지를 이용해 친구들 사이에서 자신의 자리를 지키고자 했던 것이다. 천지의 자살, 그 책임은 누구에게 있을까? 천지는 꼭 자살해야 했을까? 죽는 것 말고 더 좋은 방법은 없었을까? 화연이는 꼭 누군가를 끌어내려야만 관계를 유지할 수 있었던 것일까? 또 천지를 왕따 시키는 데 동조했던 반 친구들은 왜 그 화살을 화연에게만 돌리는 것일까? 그들에게는 책임이 없는 것일까? 여러 가지를 생각해 볼 수 있고, 그 물음에 답할 때 책임 있는 관계란 무엇인지 정의할 수 있을 것이다.

 STEP 1 '토론 콘서트 (환경)'의 줄거리

'청소년이 꼭 알아야 할 10가지 환경 쟁점'이라는 부제가 붙는 이 책은 우리의 일상에서 만나는 환경 쟁점 이야기로부터 세계적으로 논의되는 쟁점 이야기까지 폭넓은 주제를 소개하고 있다. 그 모든 쟁점들에는 서로 다른 의견들이 주장하고, 그 주장에는 어떠한 근거들이 따르는지를 소개하고 있다.

10가지의 쟁점들은 다음과 같다.

1. 공장식 가축 사육은 필요악일까요?
2. 농약과 화학비료를 반드시 써야만 할까요?
3. 동물원은 반드시 필요할까요?
4. 층간 소음을 어떻게 해결해야 할까요?
5. 원자력 에너지를 사용하지 않을 준비가 되어 있나요?
6. 과학기술로 환경문제를 해결할 수 있을까요?
7. 매머드를 되살려도 될까요?
8. 기후변화의 대응책은 무엇일까요?
9. 인구가 증가하면 지속 가능한 발전을 할 수 있을까요?
10. 환경원조는 어떤 방식으로 이루어져야 할까요?

모든 쟁점에는 가치 판단을 요구한다. 다음과 같은 쟁점들에 '당신은 어떠한 입장인가? 왜 그렇게 생각하는가?'를 묻는 것이다. 특별히 환경 쟁점들에 대하여 가치 판단을 할 때에는 반드시 미래 세대에 대한 책임 있는 자세가 전제되어야 할 것이다.

STEP 2 이야기하며 토론해 보기

 가. 나의 삶과 관계 맺기

1-1) 환경 문제에 평소에 관심이 있는 편인가요? 주로 어떤 분야에 관심을 갖고 있나요?

지구 온난화로 인한 기상이변 문제, 대체 에너지, 분리수거 문제 등

1-2) 환경 보호를 위해 무엇인가를 실천한 경험이 있나요? 그 경험들을 이야기해 봅시다.

종이컵 대신에 개인 컵을 준비해 사용했다, 에어컨을 무분별하게 틀지 않고, 차가운 물로 샤워를 했다, 사용하지 않는 전자제품들의 전기코드를 빼 놓았다 등

2) 환경을 오염시킨 사람에게 그 오염을 제공한 분량만큼 벌금을 부과한다면 어떻게 될까요? 환경오염 문제가 줄어들까요? 아니면 별다른 변화가 없을까요?

– 줄어들 것이다 ; 벌금이 부담이 되기 때문에 어떻게든 그 양을 줄이고자 할 것이다. 예컨대 쓰레기 종량제를 실시하기 이전에는 아무런 부담 없이 쓰레기를 버렸지만, 종량제 실시 이후에는 쓰레기를 줄이고자 노력하게 되었다.

– 별다른 변화가 없을 것이다 ; 환경오염을 시키더라도 그 반대로 얻게 되는 이익이 더 크다면 벌금을 부과하더라도 계속 환경을 이용할 것이기 때문이다.

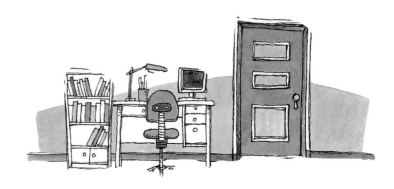

1-1) 농약과 화학비료를 사용하면 어떤 좋은 점들이 있나요?

농작물의 수확량이 손쉽게 증가한다. 그에 따라 굶주림에서 벗어나게 해준다.

1-2) 반대로 농약과 화학비료를 사용하면 어떤 나쁜 점들이 있나요?

장기적으로 인간의 건강과 생태계에 악영향을 미친다. 병해충과 잡초가 농약에 더욱 강한 내성을 가지게 되어 더 많은 양을 사용해야 한다. 토양을 척박하게 만든다.

1-3) 여러분은 농약과 화학비료를 사용하는 것에 대하여 어떻게 생각하나요? 기아와 빈곤의 문제를 해결할 책임과 미래 세대에게 건강한 환경을 물려줄 책임 중에 어떠한 것이 더 중요한지를 함께 생각해 봅시다.

– 농약과 화학비료를 사용할 수밖에 없다 ; 기하급수적으로 세계 인구는 늘어가고 있다. 그 중 10억 명 이상의 인구가 기아 상태이다. 이들에게 안정적인 식량을 공급할 수 있는 방법은 농약과 화학비료를 사용하여 수확량을 늘리는 방법 밖에는 없다. 우리가 가진 기술들로 기아와 빈곤 문제를 해결할 책임이 있기 때문이다.

– 농약과 화학비료를 사용해서는 안 된다 ; 지구촌 식량 부족 문제는 빈부 격차의 심화와 낭비하는 생활 때문에 나타나는 것이다. 농약과 화학비료를 사용함으로써 물, 공기, 땅이 병든다면 미래 세대는 생존의 위협을 받게 될 것이다. 따라서 농약과 화학비료가 아닌 지속 가능한 식량 생산 방식에 대해 고민해 보아야 한다.

2-1) 주거 환경의 변화로 인하여 층간 소음이 새로운 환경문제로 급부상하게 되었습니다. 그렇다면 층간소음의 원인은 어디에 있습니까? 그 책임은 누구에게 있을까요?

– 시공사의 책임 ; 바닥재 공사를 제대로 하지 않았기 때문

– 위층 주거자의 책임

2-2) 층간 소음을 줄이기 위해서 어떤 것들을 실천할 수 있을까요?

방음 매트 깔기, 실내 슬리퍼 착용하기, 뛰지 않기, 늦은 밤에는 청소기나 세탁기를 사용하지 않기 등

3-1) 원자력 에너지의 장점과 단점에는 어떤 것들이 있나요?

– 장점 ; 이산화탄소를 배출하지 않는 친환경적인 에너지이다, 다른 발전 방식보다 발전 단가가 저렴하다, 대규모로 전기를 생산해 경제적으로 공급할 수 있다

– 단점 ; 사고가 일어날 경우 되돌리기 힘들다, 그 피해가 후대에까지 이어진다, 방사성물질이 방출될 경우 인명을 해치거나 환경을 파괴할 수 있다

3-2) 자신이 살고 있는 동네에 원자력 발전소가 세워진다고 하면 대부분의 사람들은 반대합니다. 그러나 원자력 발전소에서 얻어지는 전기는 마음껏 사용하고 싶어 합니다. 여러분은 원자력 발전소가 계속 유지되어야 한다고 생각하나요? 아니면 정지되어야 한다고 생각하나요?

– 계속 유지되어야 한다 ; 전기 사용을 줄인다는 것은 우리가 누리는 편리함을 포기해야 하는 것이기에 현실적으로 어렵다. 또 아직은 원자력 에너지를 대체할 만한 자원이 존재하지 않기 때문에 원자력 발전소는 유지되어야 한다.

– 정지해야 한다 ; 우리나라도 이제 더 이상 자연재해로부터 안전하지 않다. 일본의 경우처럼 원자력 발전소 사고가 일어난다면 그 피해는 다음 세대에까지 영향을 미칠 것이다. 전기가 부족하다면 아껴 쓰는 것이 미래 세대에 대한 우리의 책임이다.

4-1) 과학기술의 결과물이 원래의 목적과 달리 사용되어 문제가 된 사례에는 어떤 것들이 있나요?

다이너마이트; 산업용으로 만들었지만 전쟁에서 사람을 죽이는 용도로 사용되었다.

플라스틱, 세제; 환경호르몬이 남성의 여성화 현상, 성조숙증을 가져왔다.

4-2) 과학기술이 환경문제를 해결할 수 있을까요?

– 해결할 수 있다 ; 과학기술이 낳은 부작용을 과학기술이 현명하게 해결한 사례들이 많다.

– 해결할 수 없다 ; 오늘날 환경문제는 지구의 자정 능력 범위를 이미 벗어났다. 인간이 먼저 스스로 인식을 변화시켜 환경오염을 줄여 나가야 한다.

'토론 콘서트 (환경)' 관련 활동

 STEP 1 환경 문제 회의록 작성

환경 문제와 관련한 해결방법을 찾아봄으로써 환경문제에 대한 실천적인 방법들을 탐색해 볼 수 있다. 또한 환경문제가 타인의 문제가 아니라 자신을 포함한 공동체의 문제임을 인식하여, 환경문제에 대한 책임감을 갖게 한다.

〈회의록〉 (   )학교 (   )학년 (   )반   이름 :

주제	층간 소음 문제를 해결하기 위한 방법	
날짜		
참석자		
회의 내용	〈문제 양상〉 -잠을 제대로 잘 수 없다. -공부에 집중할 수 없다. -소음을 참다 보면 화가 나고, 우울증이 걸릴 수 있다. -우발적 범죄가 발생하기도 한다.	〈문제 해결 방법〉 -실내 슬리퍼를 착용한다. -아래층 사람에게 양해를 구한다. -소음방지 매트를 사용한다. -집에서는 뛰지 않는다. -저녁 시간 이후에는 청소기나 세탁기 등을 사용하지 않는다.
결정된 사항		

활동 방법

① 오늘은 '층간소음 문제를 해결하기 위한 방법'에 대하여 함께 회의를 해보고자 합니다.
   예) 회의의 주제는 교사의 재량에 따라 얼마든지 바꿀 수 있다. 반 전체적으로 회의를 진행할 수도 있고, 모둠별로 진행해도 좋다.
② 먼저 층간 소음 문제가 어떠한 양상으로 나타나는지, 그 심각성에 대하여 이야기해 봅시다.
③ 이를 해결하기 위해 실천할 수 있는 것들에는 무엇이 있는지 함께 이야기해 봅시다.
④ 논의되는 내용들을 회의록에 작성해 봅시다.

 **STEP 2 문장 완성하기**

활동의 의의

환경보호에 대한 자신의 생각과 태도, 입장을 표현할 수 있다.

활동 방법

① 자신이 생각하는 환경보호란 어떤 것인지 창의적으로 문장을 완성해 봅시다.

② 다른 친구들은 어떻게 생각하는지 세 명의 친구와 만나서 모둠 문장을 써 달라고 해 보세요.

환경보호는 ＿＿＿＿＿＿＿＿＿＿＿＿＿＿＿＿ 이다.

왜냐하면, ＿＿＿＿＿＿＿＿＿＿＿＿＿＿＿ 때문이다.

(예시) 환경보호는 공부다. 왜냐하면 하기 싫다고 하지 않으면 미래가 밝지 않기 때문이다.

친구 이름	모둠 문장
	환경보호는 ＿＿＿＿＿＿＿＿＿＿＿＿ 이다. 왜냐하면, ＿＿＿＿＿＿＿＿＿＿＿ 때문이다.
	환경보호는 ＿＿＿＿＿＿＿＿＿＿＿＿ 이다. 왜냐하면, ＿＿＿＿＿＿＿＿＿＿＿ 때문이다.
	환경보호는 ＿＿＿＿＿＿＿＿＿＿＿＿ 이다. 왜냐하면, ＿＿＿＿＿＿＿＿＿＿＿ 때문이다.

STEP 3 관련 매체

관련 영상 시청

EBS 〈하나뿐인 지구〉, 기후변화, 투발루의 증언(2013.3.29)

　　지구 온난화의 영향으로 해수면의 높이가 상승하여 사라질 위기에 처한 나라 투발루에 관한 영상이다. 투발루 국민들에게는 두 가지의 선택밖에 남아 있지 않다고 이야기한다. 하나는 투발루에 남아 결국에는 물에 잠기는 종말을 맞이하는 것이고, 다른 하나는 그들을 받아 줄 나라를 찾아 이민을 가는 것이다. 그러나 이민을 받아주는 나라도 거의 없거니와 운이 좋아 이민을 떠나게 되더라도 그곳에서의 생계는 보장받지 못한다. 투발루가 사라지게 된다면 그 책임은 누구에게 물을 수 있을 것인가? 영상 속 한 남성은 이렇게 이야기한다.

　　"우리는 부자나라 사람들이 온실가스를 줄여야 한다고 줄기차게 주장해 왔습니다. 하지만 그들은 귀담아 듣지 않았습니다. 우린 정말 이런 일이 우리에게 일어나지 않길 원합니다."

① 이 영상에서는 현대인들이 '풍요병'에 걸렸다고 이야기합니다. 문명의 편리함을 경험하고 나면 결코 과거의 삶으로 돌아가는 것이 쉽지 않다는 것이지요. 그렇다면 여러분은 지구의 미래를 위해서 현대 문명의 편리함을 포기할 수 있겠습니까?

완전히 포기하기는 어려울 듯하다. 그러나 지구의 미래를 위해 절제할 책임이 있음을 알고, 노력할 수 있는 부분에서는 노력할 것이다.

② 지구의 온난화를 막기 위하여 오늘 내가 할 수 있는 것들에는 어떤 것들이 있는지 생각해 봅시다.

CHAPTER

3 예절, 마음과 행동이 함께하는 삶의 기술

기쿠치 쇼조, 세키하라 미와코 글 | 봄풀출판   아그네스 함머 글 | 별숲   필립 체스터필드 글 | 플러스마인드

맛있게 읽는 도서

| 관련 도서 |

 예(禮)

1. 기쿠치 선생님의 말 샤워의 기적
2. 내 블로그에서 나가
3. 소중한 내 아들아 너는 인생을 이렇게 살아라

CHAPTER 3

어떻게 읽을까요?

1 말을 듣기 좋게 하려면 어떻게 해야 할 지 생각하며 읽어요.
2 악플에 시달리는 사람들의 심정은 어떨지 생각하며 읽어요.
3 부모님이 늘 강조하는 삶의 지혜는 무엇인지 떠올리며 읽어요.

어떤 내용일까요?

1단계 : 기쿠치 선생님의 말 샤워의 기적

학교에서는 주변 친구들과 너무 가깝기 때문에 말을 함부로 하게 됩니다. 그래서 때로는 다른 친구의 말 때문에 상처를 입고 또 내 말 때문에 다른 친구가 마음 아파하기도 합니다. 즐겁지만 친구 관계 때문에 갈등을 겪기도 하는 학교생활을 더욱 행복하게 만들기 위해 기쿠치 선생님과 친구들은 말을 다듬는 멋진 훈련에 돌입합니다. 그 과정을 따라가 봅시다.

2단계 : 내 블로그에서 나가

독일 고등학교를 배경으로 음악 밴드의 보컬로 활동하는 율리는 어느 날 사이버 폭력에 시달리게 됩니다. 맨 처음에는 당황했지만 점차 학교생활에 방해가 될 만큼 정도가 심해져 가는 정체 모를 슈튀프7의 공격. 주변 사람 하나하나를 용의자로 지목해보지만 쉽게 답이 나오지 않습니다. 과연 누가 어떤 이유로 율리를 괴롭히는 것일까요? 율리의 사건을 따라가 보면서 악플이 우리 생활에 어떤 영향을 미치는지 생각해 봅시다.

3단계 : 소중한 내 아들아 너는 인생을 이렇게 살아라

부모님과 선생님들은 늘 우리에게 삶의 지혜를 가르쳐 줍니다. 지나가는 말로, 걱정 어린 훈계에서. 듣는 순간에는 쉽게 지나치지만 곰곰이 생각해보면 책으로는 배울 수 없는 귀중한 삶의 요령이자 방법입니다. 이처럼 영국 정치가이자 문필가인 필립 체스터필드가 아들에게 보낸 편지는 풍성하면서도 행복한 삶을 사는 지혜를 따뜻한 글로 잘 전달하고 있습니다. 하나씩 음미하다보면 어느새 현명해지는 느낌이 듭니다.

예절에 대해 생각해보기

예절은 다른 사람과 더불어 살아가는 데 필요한 삶의 기술이다. 이때 '기술'은 여러 의미를 담고 있다. 우선 기술이므로 훈련을 통해 익힐 수 있다는 점을 암시한다. 좋은 인성으로 거론되는 여러 덕목은 깨달음과 마음가짐과 같은 내적 수양을 우선시한다. 그러나 예절은 일종의 기술이므로 겉으로 드러난 행동을 반복 훈련을 통해 익혀야 한다는 부분이 다르다.

물론 예절이 동작에 불과하다는 뜻은 아니다. 행동에는 마음가짐이 담긴다. 그러므로 상대에 대해 존중과 배려가 없는 상태라면 예절에 맞는 행동만으로는 예절을 잘 지켰다는 느낌을 전하지 못한다. 따라서 예절은 삶의 기술이기는 하지만 그에 걸맞은 마음가짐과 분리되지는 않는다. 다만 기술임을 강조한 이유는 예절이야말로 행동으로 드러나므로 다른 덕목과 달리 행동을 통해 표현되는 부분이 중요하다는 뜻이다.

예절을 이루는 요소는 몇 가지를 나누어진다. 우선 맥락을 살펴야 한다. 맥락이란 예절이 작동하는 주변 상황이다. 지역, 시대, 상대방의 관계 등이 맥락에 속한다. 잘 알다시피 우리나라 사람의 인사법과 미국사람의 인사법은 확연히 다르다. 또 같은 나라에서도 상대가 친구냐 어른이냐에 따라서 달라진다. 이처럼 예절은 맥락이 중요한데, 만일 맥락에 맞지 않게 예절을 실천하면 오히려 역효과가 발생한다.

적절성도 중요한 요소다. 맥락이 잘 맞더라도 과하거나 부족하다면 문제가 된다. 어느 정도가 적절한가의 문제는 까다롭다. 수치로 규정하기 어렵기 때문이다. 상황에 맞는 표준화된 지침은 어느 정도 간추릴 수 있겠지만, 실제 적용할 때는 어느 정도가 적절한지 빠르고 정확한 판단을 요구한다. 어쩌면 예절을 익힌다는 뜻은 이런 적절성을 가늠하는 훈련일지 모른다.

예절에서는 언어예절이 큰 부분이다. 인간관계는 주로 언어에 기반을 두기 때문이다. 예절 바른 언어는 목소리의 질, 높낮이, 어휘, 적절한 유머, 내용을 나열하는 순서 등을 매우 복잡한 요소가 결합한 결과물이다. 그 때문에 종합적 판단이 중요하다. 그리고 이 하나하나가 어느 정도 의식적이고 집중된 훈련을 요구한다.

또한, 비언어적 요소도 간과하면 안 된다. 비언어적 요소란 우선 눈길, 손짓, 자세와 같은 몸의 표현을 말한다. 여기서 눈과 손은 예절에서 매우 중요한 요소인데, 특히 손 처리는 많은 사람이 가볍게 여기기 쉬운 만큼 특별히 신경을 써야 한다. 옷차림 역시 비언어적인 예절 요소에 속한다. 장소와 모임에 걸맞은 옷차림인지 아닌지에 따라 예절이 바른가가 드러나게 된다.

이처럼 예절은 여러 요소가 동시에 작용하는 복잡한 표현이다. 그러므로 각 사항을 의식하면서 적절한 수준을 찾아야 한다. 하지만 예절의 근본은 역시 상대에 대한 존중과 배려라는 마음가짐이다. 앞에서 말한 대로 예절은 훈련된 동작을 실행하는 데 불과한 것이 아니라 상대에 대한 존중과 배려를 적절하게 드러내는 방법이기 때문이다. 따라서 예의 바른 사람이 되려면 무엇보다 진정성 있게 남을 존중하고 배려하는 자세를 지녀야 한다. 덕 있는 마음과 잘 훈련된 동작이 적절하게 조화를 이룰 때, 비로소 훌륭한 예절을 갖추게 된다.

'기쿠치 선생님의 말 샤워의 기적' 들여다보기

 STEP 1 '기쿠치 선생님의 말 샤워의 기적'의 줄거리

저자 기쿠치 쇼조는 일본 기타큐슈 시립 오구라주오 초등학교 교사다. 야마구치 대학 교육학부 졸업 후 기타큐슈 시의 초등학교 교사가 되었으며, 지난 20년 동안 학급붕괴가 일어난 교실을 차례차례 재생시켜 왔다.

〈말 샤워의 기적〉은 선생님이 통제가 어려울 정도로 학급이 붕괴된 일본 기후네 초등학교 5학년 아이들이 6학년이 되어 기쿠치 선생님과 함께 말 공부를 하며 어떻게 달라져 갔는지를 기록한 책이다. 기쿠치 선생님에 따르면 교실에서 상대방을 먼저 생각하는 따뜻한 인간관계가 형성되기 위해서는 긍정적 사고(思考)를 일으키는 말이 흘러넘치는 교실로 바뀌어야 한다. 거친 말을 당연한 듯 사용하는 아이들이 모인 교실에서는 인간관계가 사납고 거칠게 형성될 수밖에 없기 때문이다.

기쿠치 선생님이 운영하는 말 공부에는 여러 가지가 있다. '성장 노트 쓰기', '큰 목소리 대회', '칭찬의 말 샤워', '나만의 자기소개하기', '교실에서 없애고 싶은 말, 흘러넘치게 하고 싶은 말 조사하고 사용하기', '네, 아니요로 대답하기' 등이다.

선생님은 학기 초에 먼저 '성장 노트'를 나누어준다. 이 노트에는 교과 내용과 상관없이 학교생활 중 있었던 일이나 느낀 점에 대해 쓰는 노트다. 주제는 선생님이 부여한다. 또 '교실에서 없애고 싶은 말, 흘러넘치게 하고 싶은 말'을 조사해 아이들 서로가 없애고 싶은 말을 쓰지 않고 가능한 한 흘러넘치게 하고 싶은 말을 사용하게 한다. 어느 정도 시간이 흐르면 '칭찬의 말 샤워'를 시작한다.

말 샤워 수업의 핵심은 '칭찬의 말 샤워'로 매일 한 아이를 놓고 반 친구들 모두가 돌아가며 칭찬하는 것이다. 아침부터 아이들이 그날의 주인공이 누구인지를 알 수 있게 하고, 친구들이 그날 그 아이의 행동을 잘 관찰하여 종례시간에 잘한 점에 대해 칭찬해 주는 방식이다. 이 과정을 거치면서 거칠었던 아이들, 소심했던 아이들, 자존감이 없던 아이들 모두 크게 성장하였다.

 STEP 2 이야기하며 토론해 보기

 가. 나의 삶과 관계 맺기

1-1) 주변 친구들이 습관처럼 쓰는 말 중에 듣기 좋은 말은 무엇이 있나요?

허용적으로 대답하게 한다.

1-2) 그렇다면, 듣기 싫은 말은 무엇이 있나요?

허용적으로 대답하게 한다.

2-1) 칭찬을 받으면 기분이 어떤가요?

기분이 좋아집니다. 자신감이 생깁니다.

2-2) 어떤 칭찬은 들어도 기분이 별로 좋아지지 않습니다. 어떤 칭찬이 그랬나요?

구체적인 내용 없이 의례적으로 칭찬하는 말을 들었을 때.

나. 책과 친해지기

1-1) 기쿠치 선생님이 만든 말하기 공식에 따르면 말하기 능력이란 기술과 상대방에 대한 배려의 곱셈입니다. 여기서 기술은 무엇을 말하나요?

내용, 목소리, 태도

1-2) 기술과 배려가 덧셈이 아니고 곱셈인 이유는 무엇인가요?

말 기술이 뛰어나도 상대방에 대한 배려가 없으면 아무 소용이 없다.

2) 말 샤워의 핵심은 칭찬입니다. 왜 칭찬이 말 샤워의 핵심일까요?

상대를 존중하는 느낌을 전하여 상대와의 관계를 좋게 만들기 때문이다.

3-1) 큰 목소리 대회는 복도 끝에서 다른 쪽을 향해 자신을 소개하는 시합입니다. 이런 대회를 통해 학생들은 어떻게 변했나요?

표현력이 좋아지고, 자신감이 생겼다.

3-2) 여러분의 학급에도 이런 큰 목소리 대회가 필요할까요? 아니면 거꾸로 '작은 목소리 대회'가 필요할까요? 여러분의 학급을 떠올리며 말해봅시다.

큰 목소리 대회

4-1) 기쿠치 선생님은 예절이란 '가면을 쓰는 일'이라고 말합니다. 이 말은 무슨 뜻이었나요?

장소에 맞는 예의를 지켜라

4-2) 읽는 사람에 따라서는 '가면을 쓰는 일'이 마치 거짓말을 하라는 것 같을 수 있습니다. 여러분은 어떻게 생각하나요? 기쿠치 선생님의 의견에 동의하나요?

허용적으로 대답하게 한다.

5-1) '말이 달라지면 의미가 달라진다'는 말에 가장 가까운 우리말 속담은 무엇이 있을까요?

말이란 아 해 다르고 어 해 다르다

말이란 탁 해 다르고 툭 해 다르다

5-2) 기쿠치 선생님은 말이 달라지면 인성도 달라진다고 합니다. 예절을 지키며 말을 건네면 대화 상대가 기분이 좋겠지요. 하지만 말하는 사람의 인성까지 달라질지 의심스러운 사람도 있을 것 같습니다. 여러분은 어떻게 생각합니까?

허용적으로 대답하게 한다.

 ## 다. 조화로운 삶을 위해서

1-1) 다음 상황에서 상대방과 말을 할 때 눈길이나 손은 어떻게 처리해야 할까요?

자기보다 나이가 많은 한국인과 대화를 한다.

– 상대의 눈을 빤히 보면 불편해하므로 눈보다 약간 아래를 보며 상대방의 말을 듣는다는 느낌을 준다.

자기보다 나이가 많은 미국인과 대화를 한다.

– 상대의 눈을 쳐다보며 말한다. 눈을 마주치지 않으면 거짓말을 한다는 오해를 불러일으킬 수 있다.

1-2) 대화를 할 때 최신 유행어를 사용해도 별문제가 없을 때와 그렇지 않을 때를 나열해 보세요.

문제가 없을 때

– 사적인 자리에서 친한 친구 사이

문제가 될 때

– 공적인 자리에서.

'기쿠치 선생님의 말 샤워의 기적' 관련 활동

 STEP 1 사회에서 사용하는 호칭 바꾸기

영어와 같은 외국어와 달리 우리 말은 호칭이 발달하지 않았습니다. 예를 들어 지나가는 성인 남성이나 여성을 말할 때, '아저씨, 아줌마'라고 말하면 상대를 낮게 부르는 듯싶지만, 딱히 다른 말이 없어서 곤란한 때가 종종 있습니다. 또한, 직업을 가리키는 말도 상대를 낮게 부르는 느낌이 있어서 이를 고쳐서 부르려는 시도가 많아지고 있습니다. 예를 들어, 과거 대중목욕탕에서 때를 밀어주는 사람을 '때밀이'라고 불렀지만, 최근에는 '목욕관리사' 또는 '세신사'로 바뀌고 있습니다. 이를 염두에 두고 상대를 존중한다는 뜻에서 바꿔 부를 호칭은 무엇이 있는지 생각해봅시다.

현재 호칭	대안호칭	비고
때밀이	세신사, 목욕관리사	
이모, 아줌마	차림사	식당에서 음식을 나르는 사람
아저씨		
아줌마		

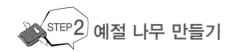

STEP 2 예절 나무 만들기

자기의 언어생활을 돌이켜보고 상대에게 예절을 지키기 위해 쓰지 말아야 할 말과 입에 익힐 말을 5개씩 나열해 보세요.

쓰지 말아야 할 말

-
-
-
-

입에 익힐 말

-
-
-
-
-

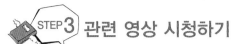

STEP 3 관련 영상 시청하기

관련 영상 시청

EBS 인성채널 "그 사람의 품격, 인격"(2015.6.11.)
http://www.ebs.co.kr/tv/show?prodId=115713&lectId=10331040

상대방의 마음을 쉽게 알 수 있는 방법은 무엇일까? 데이브 배리는 이를 '웨이터의 법칙'이라고 요약했다. 자신보다 지위가 낮은 사람을 대하는 태도에서 그 사람의 인격이 드러난다는 의미다.

STEP 1 '내 블로그에서 나가'의 줄거리

〈내 블로그에서 나가〉는 독일의 베르타-폰-주트너 고등학교에서 벌어지는 사이버 폭력과 집단 괴롭힘 사건을 다룬 청소년 소설이다. 주인공 율리를 비롯하여 주변 친구들이 여러 명 등장하며 각 인물의 시각에서 사건이 서술된다.

율리는 금발 머리에 몸매도 날씬하고 학교 음악 밴드 야제-노유에서 보컬로 활동한다. 함께 밴드를 운영하던 친오빠 노아가 영국 유학을 떠나자 노아를 대신할 드러머를 구하는 오디션 공고를 온라인에 올린다. 율리의 옆집에 사는 리자가 지원을 한다. 그러나 리자가 평소 짙은 스모키 화장으로 남의 이목을 끌던 터라 결국 리자가 아닌 마렉이라는 남학생이 드러머로 최종 선발된다.

얼마 후 율리는 아이디 '슈튀프7'로부터 욕설 담긴 이메일을 받게 된다. "율리, 넌 시건방진 걸레야. 모두들 너에 대해 그렇게 생각하고 있어!" 이런 메일을 받은 율리는 처음에는 무시하려 했지만, 자꾸만 신경을 쓰게 된다. 그 뒤로 슈튀프7는 계속 비슷한 내용의 메일을 보낸다. 설상가상으로 누군가가 율리의 프로필을 거짓으로 만들어 인터넷에 올린다. 거짓 프로필에는 비키니를 입은 율리의 사진과 함께 율리가 남자아이들을 꼬시는 음란한 여자로 묘사되어 있었다.

한편, 율리의 외모와 매력을 공개적으로 시기하는 엘라는 컴퓨터 중독자 콘라드와 함께 '조작하지 마'라는 웹사이트에 율리가 등장하는 동영상을 조작해서 올린다. 동영상을 본 사람들이 자세한 내막을 알지 못하면서 성적 수치심을 주는 댓글들을 달아 율리를 더욱 괴롭게 한다. 율리는 더욱 어찌지 못하는 상황으로 내몰리게 되고, 버스 터미널 근처에서 엘라 패거리에게 터 집단 폭행을 당하는 일까지 겪는다.

'슈튀프7'은 과연 누구일까? 짙은 화장 탓에 사이코라 소문난 리자일까? 율리에게 남자 친구를 빼앗길까 봐 질투심에 불타는 엘라일까? 아니면 율리를 졸졸 따라다니는 '왕재수' 컴퓨터 중독자 콘라드일까? 사건은 계속 미궁에 빠진다. 결국, 사건은 반전에 반전을 거듭해 예상치 못한 결론으로 끝을 맺는다.

STEP 2 이야기하며 토론해 보기

가. 나의 삶과 관계 맺기

1-1) 인터넷에서 다른 사람의 글에 댓글을 달아본 적 있나요?

허용적으로 대답하게 한다.

1-2) 어떤 내용이었는지 자세하게 말해보세요.

허용적으로 대답하게 한다.

2-1) 악성 댓글로 고생한 적이 있나요? 아니면 주변에 그런 사례를 듣거나 지켜본 적이 있나요?

허용적으로 대답하게 한다.

2-2) 악성 댓글로 힘들어하는 친구가 있다면 어떻게 조언하겠나요?

허용적으로 대답하게 한다.

1-1) 주인공 율리의 옆집에 사는 리자는 늘 스모키 화장을 하고 있는데 사람들은 그녀를 어떻게 생각하나요?

불량소녀라고 인식함.

1-2) 옷차림이나 화장이 사람에 대한 인상을 결정할까요?

네. 그렇습니다.

2-1) 슈튀프7의 메일이 율리에게 상처를 주는 이유는 무엇인가요?

뚜렷한 근거 없이 자신을 비난했기 때문에.

2-2) 슈튀프7의 메일을 받은 율리의 반응은 어떻게 변해갔나요?

맨처음에는 무시했지만 점차 자신에 대해 부정적인 태도를 갖게 됨.

3-1) 엘라는 율리에게 "여우 같은 기집애! 너 죽을 줄 알아!"라고 메일을 보냅니다. 이에 대해 율리는 어떻게 했나요?

다음 날 율리는 엘라에게 험한 말을 했고, 두 사람이 싸운다.

3-2) 무례한 말에 무례하게 답하는 것이 옳은가요? 의견을 말해보세요.

허용적으로 대답하게 한다.

4-1) 율리 엄마가 흥분하여 콘라드에게 말을 건네는 장면은 다음과 같습니다.

"표현의 자유? 너 그걸 표현의 자유라고 말한 거니? 언제까지 그런 걸 방패 삼아 빠져나갈 수 있을 것 같아? 이 난쟁이 똥자루만한……."

엄마가 갑자기 소리쳤다. 그러고는 그다음 말이 바로 생각나지 않았나 보았다. 엄마는 버튼을 눌러 통화를 종료했다. "뚱보 자식이!" 엄마는 거칠게 숨을 모아 쉬었다.

4-2) 화가 나서 감정이 격하면 이렇게 말을 할 수도 있을 것 같습니다. 그러나 이런 행동은 예의의 관점에서 무슨 문제가 있을까요?

감정을 자제하지 못하고 어른 답지않는 표현을 했음.

4-3) 여러분이 율리 엄마라고 상상하면서 위 표현을 예의에 맞게 써봅시다.

허용적으로 대답하게 한다.

5-1) 모든 사실을 알게 된 율리는 결국 어떻게 되었나요?

　　마음에 상처를 입고 학교를 떠남.

5-2) 율리 사건의 원인은 친구의 질투심과 질투심의 예의 없는 표현 중 어느 것이 더 큰 원인이라고 생각하나요?

　　예의 없는 표현

다. 조화로운 삶을 위해서

1-1) 인터넷 댓글이나 카카오톡 같은 SNS는 대부분 문자로 의사소통을 합니다. 문자와 말 중에서 사람의 기분이나 감정을 전달하기에 더 적합한 것은 말입니다. 그 이유는 무엇일까요?

　　감정을 표현하기 힘들다.

1-2) 댓글을 달거나 문자를 보낼 때 상대방에게 예절을 지키기 위해 어떤 조치가 필요할까요?

　　단어를 신중하게 사용한다.

　　한 번 더 읽어본다.

2-1) 우리가 인터넷이나 스마트폰을 사용해서 글을 쓸 때는 예절을 더 지키지 않는 것 같습니다. 그 이유는 무엇일까요?

　　상대방의 즉각적인 반응을 보지 않기 때문에 행동이 가벼워진다.

2-2) 온라인에서 예절을 잘 지키기 위해 우리가 노력해야 할 것을 무엇이 있을까요?

　　온라인에서 예절을 지키는 것이 힘들다는 점에 착안하여 더 조심한다.

'내 블로그에서 나가' 관련 활동

STEP 1 율리에게 위로의 글 보내기

율리에게 위로의 글을 보내봅시다.

STEP 2 네티켓의 핵심 원칙 평가하기

다음은 '네티켓의 핵심원칙'으로 1994년 미국 플로리다대학교의 버지니아 셰어 교수가 제시한 내용입니다. 모두 중요한 원칙이지만 그중 가장 중요한 것이 무엇인지 생각해보고 1위에서부터 10위까지 순서를 매겨보세요.

- [ ] 다른사람의 실수를 먼저 용서합니다.
- [ ] 자신의 힘과 능력을 함부로 발휘하지 않습니다.
- [ ] 사이버 상에서 지나친 논쟁을 하지 않습니다.
- [ ] 사이버 상에서 좋은 사람이 되도록 노력합니다.
- [ ] 다른 사람의 사생활을 존중합니다.
- [ ] 사이버 상에서 어떻게 행동해야 하는지 항상 생각합니다.
- [ ] 모든 사람을 존중합니다.
- [ ] 다른 사람의 시간과 접속을 보장하도록 행동합니다.
- [ ] 사이버 세상도 실제 세상과 같다는 것을 기억합니다.
- [ ] 자신의 좋은 아이디어를 다른 사람과 나눕니다.

 STEP3 관련 매체

 관련 영상 시청

다음 영화를 보고 감상문을 적어보자.

[지도상 주의점: 15세 이상 관람가 등급이며, 현실감을 높이기 위해 비속어 등이 자주 등장합니다. 따라서 지도교사의 사전 검토가 필수적입니다.]

전국민을 떠들썩하게 한 군인의 자살 소식에 남긴 악플로 네티즌들의 분노를 사며 실시간 이슈에 오른 '레나'. 여기에 경찰지망생 지웅(변요한)과 용민(이주승)은 인기 BJ 양계가 생중계하는 현피 원정대에 참여한다. 하지만 현피 당일 날 '레나'는 싸늘한 시체로 발견되고, 비난의 화살은 순식간에 이들에게로 향한다. 경찰 시험에 불리한 기록이 남게 될까 불안한 지웅과 용민은 '레나'의 죽음에 의혹을 제기하는데… 〈출처: 네이버 영화〉

'소중한 내 아들아 너는 인생을 이렇게 살아라' 들여다보기

 STEP 1 '소중한 내 아들아 너는 인생을 이렇게 살아라'의 줄거리

이 책은 영국 정치가이자 문필가인 필립 체스터필드의 세계적 명저 "아들에게 보내는 편지(Letters To His Son)"(1774)를 번역한 것이다. 그는 18세기 영국의 정치가이자 유능한 외교관이었으며 저술가로도 명성을 날렸다. 케임브리지 대학에서 공부했으며 젊은 나이에 의회로 진출한 바 있다.

현실주의적 안목, 인간의 본성과 심리를 꿰뚫는 폭넓은 지식, 뛰어난 웅변, 매력적인 매너, 풍부한 유머가 체스터필드를 설명할 때 흔히 따라붙는다. 또한, 볼테르나 스위프트 등과 깊은 교류를 나누었으며 '물러서야 할 때 물러난다'라는 신념에 따라 정계를 은퇴한 뒤 자유와 즐거움을 만끽하며 평안한 여생을 보냈다.

제목에서 알 수 있듯 이 책은 체스터필드가 자기 아들에게 보낸 편지를 모았다. 내용은 주로 사회생활에서 필요한 예절, 시간을 유익하게 쓰는 법, 원만한 인간관계의 비결, 독서와 여행의 중요성, 친구 사귀는 법 등 인생을 살아가는 지혜다. 논리나 원칙을 철학적이고 학구적인 차원에서 다루지 않고, 모랄리스트적 관점에서 구체적이고 실천 가능한 교훈을 짧은 글과 함께 재치있게 다루었다.

세부적인 내용은 목차 자체에서 파악할 수 있는데 그중 예절과 직간접적으로 관련된 부분을 예로 들면 다음과 같다. '상대의 자존심을 건드릴 필요는 없다, 편견을 버리고 거짓말을 하지 마라, 훌륭한 화술을 익혀 상대를 설득하라, 화법에 능한 사람이 되기 위해서는, 나를 드러내는 것이라면 작은 일에도 신경을 써라, 성공적인 사교를 위해 필요한 마음가짐, 적당한 허영심을 가질 필요가 있다, 상대에게 기쁨을 주는 교제법, 자신의 수준을 높이는 대화법, 그룹에 들어갔을 때 성공하는 비결, 상대방을 감격시킬 수 있는 방법, 뼈대와 장식이 조화를 이루어야 한다, 상대의 마음을 사로잡기 위해서는, 남에게 호감을 사기 위해서는, 선행과 예의는 남이 아닌 나를 위한 것, 예의바른 사람이 되려면, 현명한 감정 조절법, 선의의 거짓말도 때론 지혜가 된다, 도움이 되는 대인관계에 대하여, 라이벌 관계는 어떻게 대처해야 좋은가.

 STEP2 **이야기하며 토론해 보기**

가. 나의 삶과 관계 맺기

1-1) 집에서 부모님과 이야기를 나눌 때 주로 무슨 이야기를 하나요?

허용적으로 대답하게 한다.

1-2) 부모님이 자주 하시는 삶의 교훈 중 가장 기억에 남는 것은 무엇인가요?

허용적으로 대답하게 한다.

2) 자신이 세운 삶의 원칙을 세 가지 말해봅시다.

허용적으로 대답하게 한다.

3-1) 매력이란 무엇일까요?

다른 사람의 마음을 끄는 힘.

호감을 불러일으키는 힘.

3-2) 매력적인 사람이란 어떤 사람인지 말해보세요.

허용적으로 대답하게 한다.

나. 책과 친해지기

1) 저자는 뉴튼 같은 천재는 주변 사람에 아랑곳하지 않고 사색에 몰두해도 상관없지만 그렇게 공인된 천재가 아닌 일반 사람이라면 주변 사람이 용인하지 않을 거라고 합니다. 만약 우리가 주변에 신경 쓰지 않고 행동하면 사람들이 어떻게 생각할까요?

예의가 없는 사람이라고 생각한다.

1-2) 저자의 말 대로 우리는 예절을 지켜가며 주변 사람의 사랑을 받아야 할까요? 여러분의 의견을 말해보세요.

허용적으로 대답하게 한다.

2) 남을 경멸하는 것은 유머 감각이 아니라고 말합니다. 자신의 우월감을 과시하거나 주위 사람을 즐겁게 한답시고 남의 약점이나 결점을 폭로하면 안 된다는 뜻이지요. 그렇다면 바람직한 유머는 어떤 것일까요?

상황에 걸맞은 재치있는 대답이나 상대를 존중하는 마음이 담긴 농담

3-1) '세계 어디에서나 인간이 가지고 있는 본질적인 성질은 같다. 단지 표현의 방식이 다를 뿐이다.'는 말에 동의하나요?

허용적으로 대답하게 한다.

3-2) 여기서 표현의 방식은 '예절'이라고 해석할 수 있나요? 아니면 다른 것을 의미할까요?

허용적으로 대답하게 한다.

4-1) 저자는 예절의 요소로 '깔끔한 차림새, 상냥한 말씨, 정감이 넘치는 행동, 듣기 좋은 목소리, 느긋하고 구김살 없는 표정, 상대방에게 맞춰주는 것 같으면서도 분명한 말씨' 등을 구체적으로 제시합니다. 더 추가할 것이 있을까요?

허용적으로 대답하게 한다.

4-2) 예절의 요소 중 가장 중요하다고 생각하는 세 가지를 꼽아보세요.

허용적으로 대답하게 한다.

다. 조화로운 삶을 위해서

1-1) 감정은 있는 그대로 솔직하게 표현하는 것이 옳을까요?

허용적으로 대답하게 한다.

1-2) 감정은 어떻게 표현해야 옳을까요?

상황과 상대방과의 관계를 고려해서 절도있게 표현한다.

2) 문화권마다 상대방에게 예절을 표하는 방식은 다양할 겁니다. 그러나 인간 세계 어디에서나 통하는 예절의 원칙은 있을 것 같습니다. 과연 그것은 무엇일지 생각해보세요.

상대방에 대한 존중.

상대방이 편안하게 느끼도록 마음을 쓰는 일.

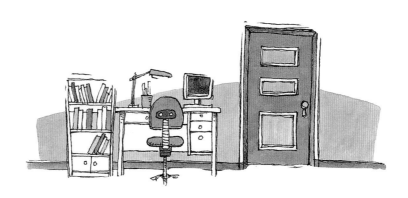

'소중한 내 아들아 너는 인생을 이렇게 살아라' 관련 활동

 문화권별 예절 알아보기

- 2-3명을 한 팀으로 하여 5개 팀을 구성한다.
- 제비를 뽑아 각 팀의 이름을 5개 대륙명칭으로 한다.
  [유럽, 아시아, 아프리카, 오세아니아, 아메리카]
- 팀별로 해당 대륙에 속한 나라 2개를 선택하여 주요 예절을 조사한다.
- 예절을 조사할 때는 다음 사항은 반드시 포함한다.
  ○ 식사예절
  ○ 방문예절
  ○ 인사법
  ○ 교통예절
  ○ 장례예절
- 조사한 내용을 팀별로 발표한다.

STEP 2 내가 닮고 싶은 예절 바른 사람 분석하기

– 내가 닮고 싶은 예절 바른 사람을 유명인 중 한 명, 주변 사람 중 한 명을 선정하여 구체적인 이유와 실천 방안을 정리해봅시다.

	유명인	주변 사람
이름		
구체적 이유	○ ○ ○ ○ ○	○ ○ ○ ○ ○
실천방안	○ ○ ○ ○ ○	○ ○ ○ ○ ○

 STEP 3 관련 매체 활동하기

 관련 영상 시청

마이 페어 레이디(1964)

언어학자인 헨리 히긴스 교수가 그의 절친한 친구인 피커링 대령과 묘한 내기를 하면서 이야기는 시작된다. 즉 길거리에서 방황하는 하층 계급의 여인을 한 명 데려와 정해진 기간 안에 그녀를 교육시켜 우아하고 세련된 귀부인으로 만들어 놓겠다는 계획을 세우는 것이다. 이 내기의 실험 대상으로 선택된 여인이 바로 빈민가 출신으로 꽃을 파는 부랑녀 일라이자 둘리틀이다. 그녀는 히긴스 교수로부터 끊임없는 개인 교습을 받게 되는데, 그녀 자신은 이 교육을 하나의 고문으로 받아들인다. 마침내 히긴스 교수가 요구하는 중심 문장 "스페인에서 비는 평야에만 내린다(The Rain-In Spain-Stays-Mainly In The Plain)"를 유창하게 구사하게 된다. 이제 그녀에게서는 더이상 투박한 런던 말씨와 촌스런 액센트를 들을 수 없게 되고, 결국 히긴스 교수의 이상적인 여인상으로 변한 일라이자가 그와 사랑하는 사이가 된다. (출처: 위키피디아)

CHAPTER

효, 인성 교육의 바탕

정출헌 글 배종숙 그림 | 휴머니스트

김연 글 | 실천문학사

이순신 글 | 송찬섭 엮어옮김 | 서해문집

맛있게 읽는 도서

| 관련 도서 |

 효

1. 심청전 / 뺑덕
2. 나의 얼토당토않은 엄마 / 엄마를 부탁해
3. 난중일기

CHAPTER 4

어떻게 읽을까요?

1 고전문학에 담긴 옛 문화와 조상들의 삶을 다양한 각도로 살펴보며 읽어요.

2 전통적 의미의 효와 현대적 의미의 효를 비교해가며 읽어요.

3 효의 의미가 사회적 차원으로 확장될 수 있는 방법을 고민하며 읽어요.

어떤 내용일까요?

1단계 : 심청전

'심청전' 하면 떠오르는 효의 의미를 다시 살펴보고, 그 외 다양한 생각 거리를 찾아본다.

2단계 : 나의 얼토당토않은 엄마

전통적인 효의 의미를 재해석하여 현대사회에 비판적으로 수용하는 능력을 길러본다.

3단계 : 난중일기

이순신이 실천한 효 덕행들을 살펴보고, 장군의 효 실천이 나라 사랑으로 이어짐을 살펴본다. 물질 우선의 가치관이 팽배한 우리 시대에 효의 참된 의미를 되새겨봄으로써 학생들에게 물질보다 사람이 우선인 세상을 만들어가는 방법에 대해 생각하는 계기가 될 것이다.

효를 주제로 한 인성도서 읽기는 학생들이 효의 참된 의미를 되새겨보면서 효의 가치를 내면화하는 소중한 기회를 만들어줄 것이다. 그러기 위해서는 무엇보다 전통적 의미의 효를 비판적으로 수용해야 하며 그것을 현대 사회에 생산적으로 적용하는 능력이 필요하다. 더불어 개인적 효의 실천을 어떻게 사회적 차원으로 확장할 것인지 고민해 보는 것도 의미 있는 독서 활동이 될 것이다.

효에 대해 생각해보기

사전적 의미의 효는 어버이를 잘 섬기는 일을 말한다. 유교의 영향 때문이기도 하겠지만 우리나라에서 효에 대한 정의는 다양하다. 일반적으로 사람들은 부모는 물론이고 꼭 혈연이 아니더라도 이웃 어른들에게 예의를 갖추어 공손하게 대하는 것이 효도라고 생각한다.

사람이 살아가며 지켜야 할 덕목을 가르치는 것이 인성 교육이다. 유교의 영향을 배제해도 예나 지금이나 사람이 살아가며 지켜야 할 덕목의 으뜸은 효이다. 그래서 인성 교육의 바탕은 효에서 시작한다. 이는 효의 실천이 인간 사랑의 정신과 닿아 있기 때문이다. 그러나 사회가 각박해질수록 사람이 도리를 지키며 사는 일은 쉽지 않다. 따라서 사람의 도리를 가르치는 인성 교육의 필요성은 물질우선의 가치관이 팽배한 우리 시대에 아무리 강조해도 모자람이 없다.

그렇다면 진짜 효란 무엇인가? 공자는 「논어」에서 효를 실천하고 힘이 남을 때는 학문을 해야 한다고 했다. 공자가 말한 학문(學文)의 의미를 오늘날에 적용한다면 독서와 연관 지을 수 있다. 독서 교육을 통해 효의 의미를 정립할 수 있다면 우리는 효에 대한 이해에 한 걸음 더 나아갈 수 있을 것이다. 독서는 우리의 인성을 닦아 주고, 우리는 독서를 통해 인성의 바탕인 효에 접근하게 되는 것이다. 좋은 책을 통한 독서 교육이 중요한 이유가 여기에 있다.

효를 주제로 한 인성도서 읽기는 아래의 내용에 목표를 둔다.
첫째, 학생들이 효의 참된 의미를 되새겨보고, 일상에서 효의 가치를 내면화하여 생활한다.
둘째, 학생들이 전통적 효의 의미를 현대적으로 재해석하여 비판적으로 수용하고, 현실에 적용하는 능력을 기른다.
셋째, 학생들이 주인공의 덕행을 실천해 보고, 효의 의미를 어떻게 사회적 차원으로 확장할 것인가 스스로 고민해 본다.
이 글의 대상은 중등이다. 대상도서를 세 권을 선정하여 단계별로 한 권씩 나누어 살펴본다.

첫 번째 도서는 고전의 대표작 「심청전」이다. 학원으로 시험으로 바쁘게 내몰리는 요즘 학생들에게 효도와 같은 정신적 가치는 관심에서 멀어지기 십상이다. 또 '내리사랑은 있어도 치사랑은 없다'는 속담이 있다. 이 말은 자식이 부모에게 효를 실천하는 것이 어려운 일임을 단적으로 말해준다. '효' 하면 떠오르는 우리 고전 「심청전」을 읽으며 효의 의미를 살펴보고 그 외에 다양한 생각 거리를 찾아본다.

두 번째 도서는 「나의 얼토당토않은 엄마」이다. 중학생인 딸을 포함하여 여성 3대가 소통하고 공감하는 이야기다. 전통적이고 유교적 의미의 효와 현대적 의미의 효를 비교해 본다. 나아가 효에 대한 생각을 재해석하여 현대 사회에 적용, 비판하는 활동을 한다.

세 번째 도서는 이순신의 「난중일기」이다. 역사적 인물에게서 효의 의미를 찾아보고, 이순신이 실천한 효 덕행들을 살펴본다. 또 이순신의 인간적인 면과 영웅적인 면을 비교해 보고, 효의 실천이 나라 사랑으로 연결됨을 살펴본다.

'심청전' 들여다보기

STEP 1 '심청전'의 줄거리

심청은 가난한 부모에게서 태어난다. 아버지 심학규는 맹인이고 어머니 곽씨는 심청을 낳고 칠일 만에 세상을 떠난다. 여섯 살이 되자 심청은 '말 못하는 까마귀도 부모를 공양할 줄 안다'며 아버지를 위해 동냥에 나선다.

심청이 열다섯 살이 되던 해 어느 날, 심 봉사는 공양미 삼백 석을 부처님께 바치면 눈을 뜰 수 있다는 화주승의 말에 덜컥 그러마고 약속을 한다. 쌀 삼백 석을 대신해 뱃사람의 재물이 되기로 한 심청은 인당수에 몸을 던진다.

심청은 죽을 고비를 넘기고 용궁에 도착한다. 그러나 두고 온 아버지 걱정에 연꽃을 타고 다시 이승으로 돌아온다. 왕비가 된 심청은 맹인잔치를 열어 심 봉사와 해후한다. 딸의 효심에 맹인 아버지는 마침내 눈을 뜬다.

STEP 2 이야기하며 토론해 보기

가. 나의 삶과 관계 맺기

1) '심청전'을 읽어보니 느낌이 어때요? 잘 알려진 이야기라 내용이 익숙하지요? 고전문학에는 옛 문
화와 조상들의 삶이 담겨 있어 읽을수록 맛깔스러운 느낌이 있어요. 책의 내용 중에 어떤 내용이 인
상 깊었나요?

책의 내용 안에서 허용적으로 말하게 한다.

네, 그랬군요. 모두 잘 이야기했습니다. 지금부터 '심청전'에 대한 이런저런 이야기를 나누도록
해요.

2-1) 부모님께 효도한 일이나 불효를 저지른 적이 있나요? 친구들과 서로의 경험을 나누어 이야기해
보세요.

자유롭게 말하게 한다.

2-2) 불효를 저지른 경험이 있는 학생은 다른 친구가 불효한 이야기를 듣고 무슨 생각이 들었는지 이
야기해 보세요.

허용적으로 말하게 한다.

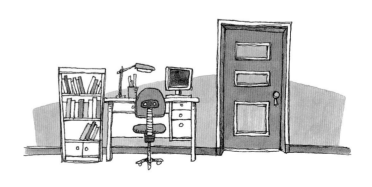

나. 책과 친해지기

1-1) 자 이제 책 속으로 들어가 볼까요? 주인공 심청은 효를 목숨보다 소중한 가치라고 생각했어요. 요즈음 학생들은 효를 어떻게 생각하나요?

효를 우선시하는 태도는 봉건시대의 잔재다.

효를 강조하는 문화는 가부장적 권위주의를 상징한다.

효는 인간에 대한 사랑을 실천하는 생활윤리다.

효는 가정에 집착하는 이기적 윤리가 아니라 가정에서부터 사랑을 실천하자는 이타적 윤리다. 등

1-2) 심 봉사의 약속은 심청을 죽음으로 내몰게 됩니다. 아버지를 위해 인당수에 몸을 던지는 심청을 보며 여러분이 심청이었다면 어떤 선택을 했을 것 같나요?

자유롭게 말하게 한다.

2) 심청의 죽음으로 '심청전'은 새로운 국면을 맞습니다. 옥황상제의 명에 따라 용왕이 심청을 용궁으로 데려가는데요. 이처럼 우리는 '심청전'에서 유교 이외 도교, 불교, 기타 민간신앙 같은 다른 종교와 사상을 만나게 됩니다. 조상들의 다양한 문화 속에서 효가 갖는 의미를 생각해 보세요.

다양한 종교가 융합된 우리 문화는 효를 사람이 지켜야 할 도리의 으뜸으로 친다. 등

3) 문학작품 속에는 그 시대 사람들이 소중하게 생각하는 삶의 가치가 녹아 있어요. 책 속에서 '시대 읽어보기' 활동을 해 보세요.

당시 사람들의 양반에 대한 생각을 비롯해, 물건을 사고파는 일, 이웃 간의 관계는 어떠했으며 사후세계에 대한 믿음이 있었는지 등등 책에서 근거를 찾아 이야기해 본다.

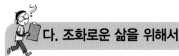

다. 조화로운 삶을 위해서

1-1) 줄거리를 요약하고 책 속으로 들어가 시대 읽기까지 해 보았어요. 이제는 책 밖으로 나와 심청이의 효행을 바탕으로 '효'에 대한 내 생각을 정리해 보세요.

심청이의 효행을 긍정하는 측면에서 내 생각을 정리한다.

심청이의 효행을 부정하는 측면에서 내 생각을 정리한다.

1-2) '심청전'의 주요 인물을 두고 옳은 행동의 기준을 만드는 토론을 해 보세요. 먼저 심청과 심 봉사 그리고 뺑덕 어미의 행동에 대해 옳은지 그른지 근거를 들어 평가해 보세요.

심청, 심 봉사, 뺑덕 어미의 행동에 대해 책 속의 내용을 근거로 하여 허용적으로 말하게 한다.

1-3) 평가한 내용을 바탕으로 우리가 중시해야 할 옳은 행동과 그 기준에 대해 생각해 보세요.

각자 자유롭게 말하게 한다.

2-1) 의미 있는 고전 읽기가 되려면 비판적인 시각으로 작품이나 인물을 바라보는 힘이 필요해요. 심청의 효행에 대하여 우리 시대의 관점으로 재해석해 보세요.

어린 나이에 동냥을 해서 아버지를 봉양하는 심청의 효심은 아동 노동을 법으로 금지하고 있는 오늘날의 관점에서 보면 매우 부당하다.

아버지를 대신해서 목숨을 버리는 심청의 효심은 숭고하다. 가난한 부모를 고독사로 내모는 비정한 우리 시대에 효심은 더욱 강조되어야 한다. 등

2-2) 효의 의미를 재해석해 보았나요? 우리생활에서 효를 실천할 방법을 생각해 보세요.

자유롭게 말하게 한다.

3) 우리나라 밖에서도 '심청전' 이야기는 전해지고 있어요. 여러분이 아는 '심청전' 이본(異本)이 있다면 친구들에게 이야기해 보세요.(미리 과제로 내어 조사한 내용을 발표하게 해도 좋다.)

2007년 중국의 저장성 저우산 군도에는 효녀 심청을 기리는 사당과 박물관이 세워졌다. 저장성 사람들이 아는 심청은 백제 시대 전남 곡성 출신이다. 공양미 삼백 석에 중국으로 팔려와 그곳에서 살았다고 한다.(출처 : 네이버 검색 – 한국일보, 2015.07.31.)

'심청전' 관련 활동

STEP 1 찬반토론하기

    효를 위해 자신의 목숨을 희생하는 심청의 결정은 분명 힘든 선택이었겠지요. '진정한 효란 목숨까지 희생하는 것이다.'라는 논제로 찬반 토론지를 작성한 후 친구들과 찬반토론을 해 보세요.

* 진정한 효란 목숨까지 희생하는 것이다.

* 목숨까지 희생하는 것은 진정한 효가 아니다.

〈 독서토론지 〉

대상도서	심청전	
주제	진정한 효한 목숨까지 희생하는 것이다.	
주장	찬성	반대
	진정한 효란 목숨까지 희생하는 것이다.	목숨까지 희생하는 것은 진정한 효가 아니다.
주장의 이유		
주장의 근거 (논증)		
반론 및 예상 반론 꺾기		
정리		

 STEP 2 '심청전' 이본(異本) 만들기

글쓰기 활동으로 이야기 바꿔 쓰기를 해 보세요. 심청전 이본 만들기 활동입니다. '심청전'은 이본이 수십 종이나 되지만 심청이의 어린 시절과 부녀 상봉 부분은 비슷하다고 해요. 그러니 그 부분은 두고, 가운데 부분만 자신의 창의력을 모아 바꿔보세요.

 STEP 3 관련 도서 소개

「뺑덕」, 배유안 글, 창비, 2014

'뺑덕'은 우리가 아는 '심청전'을 가지고 만든 이야기예요. 불량 엄마 뺑덕을 사연 있는 뺑덕 어미로 재구성하여 참신하게 꾸몄답니다.

주인공은 병덕이에요. 병덕(뺑덕)이 살아있다는 발상에서 이야기가 전개돼요. 병덕의 이야기에 심청전의 '효' 주제가 창의적으로 펼쳐지지요. 병덕이 자신을 버린 어머니에 대한 원망을 극복하고 효심을 되찾는 이야기예요. '뺑덕'은 '초정리 편지'로 유명한 배유안 작가의 장편소설이에요. 효심을 되찾아가는 주인공의 모습은 읽는 이의 공감을 자연스럽게 이끌어요. 효의 의미를 생각하며 읽기를 권해요.

★ 위의 활동들을 마치고 나서 다시 한 번 '효란 무엇인가?'에 대해 생각해보고 그 의미를 정리해 보세요.

'나의 얼토당토않은 엄마' 들여다보기

STEP 1 '나의 얼토당토않은 엄마'의 줄거리

목련은 엄마 이연과 시골에서 산다. 엄마의 직업은 전업 작가다. 외할머니 도움으로 생계를 꾸려나가는 엄마는 어린 목련의 눈에도 철이 없다.

목련은 당당하고 자신감이 넘친다. 자신의 삶을 "사고뭉치 엄마로 하여 내 속이 문드러지기도 했지만 우리의 하루하루가 무지개 빛깔처럼 다채롭고 풍부했었다."고 표현한다. 목련은 엄마가 행복해지기를 진심으로 바란다. 그것은 1980년대 학생운동, 노동운동 그리고 이혼의 상처까지 안고 치열하게 살아온 엄마의 삶을 존중하기 때문이다.

목련은 드디어 고등학생이 된다. '딸 하나밖에 모르는 엄마가 사는 집, 엄마처럼 살고 싶은 딸이 사는 집'에서의 한 시절은 그렇게 지나간다. 목련은 경쾌하게 말한다. 가난했지만 당당했고, 힘들었지만 행복했던 중학생 시절을 잊지 않고 기억할 것이라고.

 STEP 2 이야기하며 토론해 보기

 가. 나의 삶과 관계 맺기

1) '나의 얼토당토않은 엄마'를 잘 읽어 보았나요? 책의 내용 중에 어떤 내용이 가장 인상 깊었나요?

　　책의 내용 안에서 허용적으로 말하게 한다.

　　네, 그랬군요. 모두 잘 이야기했습니다. 지금부터 '나의 얼토당토않은 엄마'에 관한 이야기를 나누

　　어 보겠습니다.

2-1) 여러분이 생각하는 바람직한 가정의 모습에 대해 이야기해 보세요.

　　　차별적이거나 권위적이지 않다. 칭찬을 많이 한다.

　　　집에 있으면 편안하다. 주고받지 않아도 된다. 진심으로 잘 되기를 바란다. 등

2) '효'가 무엇을 의미하는지 이야기해 보세요. 그리고 '효'를 일상생활에서 실천하는 방법에는 어떤 것

이 있는지 이야기해 보세요.

　　• 효의 의미: 효란 부모님은 물론이고 이웃 어른들께 예의를 갖추고 공경하는 마음을 갖는 것,

　　바른 생각을 갖는 것, 삶의 근본 등.

　　• 효의 실천 방법 :인사하는 것, 예의 바르게 대하는 것, 사랑한다고 말하는 것, 곁에서 웃게 해

　　드리는 것 등.

3-1) 현대사회에서 부모와 자녀의 의사소통을 막는 것이 무엇인지 이야기해 보세요.

　　　가족 형태가 핵가족으로 변해가면서 세대 간의 단절이 의사소통의 단절로 이어졌다.

　　　스마트 폰 같은 기기나 SNS(Social Network Services) 같은 인터넷의 발달로 가족 간 직접 대

　　　화 시간이 줄어들었다. 등

3-2) 부모와 자녀가 소통하기 위해서 필요한 적절한 의사소통 방법에는 무엇이 있을까요?

　　　따뜻한 눈길로 부드럽게 생각을 말한다. 함께 즐기고 마음을 공유한다.

　　　'나 전달법'으로 솔직하게 감정을 표현한다. 집에 오면 일정한 시간 스마트 폰은 꺼 두고 SNS

　　　는 하지 않는다. 얼굴을 마주보고 직접 대화하는 시간을 갖는다. 등

나. 책과 친해지기

1-1) 이제 책 속으로 들어가 볼까요? 목련은 자기 엄마를 '사고뭉치'라고 표현합니다. 엄마의 어떤 행동이 사고뭉치처럼 보였는지 떠오르는 대로 말해보세요.

책의 내용 안에서 허용적으로 말하게 한다.

2-1) 목련의 엄마와 내 엄마의 행동이나 말을 비교해 보세요. 또 바람직한 엄마의 역할에 대해 이야기해 보세요.

엄마가 살아 온 순탄치 않은 과거를 목련은 어른스럽게 들어준다. 엄마의 연애 상담에서는 조심스럽게 조언까지 곁들인다. 등

2-2) 여러분은 엄마의 고민을 들어준 적이 있나요? 있다면 그때 기분이 어땠는지 이야기해 보세요.

자유롭게 경험을 말하게 한다.

2-3) 딸이 학교에 가기 싫다고 했을 때 엄마 이연은 어떤 반응을 보였나요? 내가 목련과 같은 말을 했을 때 나의 부모님의 반응과 비교하여 이야기 해 보세요.

책에서 근거를 찾아 허용적으로 말하게 한다.

3-1) 소설에는 목련이 엄마와 나란히 누워 잠드는 순간을 자세하게 묘사한 부분이 있어요. 기억나는 대로 이야기해 보세요.

매미가 우리를 굽어보는 집.

흰둥이가 우리를 지켜주는 집.

딸 하나밖에 모르는 엄마가 사는 집.

엄마처럼 살고 싶은 딸이 사는 집이 달빛에 두둥실 떠오른다.

달빛 창가에서 엄마와 잠이 드는 이 순간을 난 두고두고 그리워할 것이다.

3-2) 여러분은 중고등학생이 되어 엄마와 함께 잠든 경험이 있나요. 그 기분을 말로 표현해 보세요.

자유롭게 말하게 한다.

3-3) 목련은 한부모 가정에서 자랐어요. 그러나 자율을 주고 갈등을 솔직한 대화로 풀어가는 엄마의
교육관은 딸을 적극적인 사람으로 성장시키지요. 목련의 적극성이 드러나는 부분을 책에서 찾아
서 말해 보세요.

중학생이 되었을 때 장거리 학교에 지각하지 않으려 애를 쓰고 다녔다.

신학기가 되면 집안 형편을 생각해서 당당하게 급식 지원을 했다.

친구들과 좋은 관계를 유지하기 위해 노력했다. 등

다. 조화로운 삶을 위해서

1-1) 이제는 책 밖으로 나와 내 주변과 사회를 보며 이야기하도록 해요. 내 주변에 엄마나 아빠가 안
계신 친구가 있나요? 한 가정 자녀에 대해 부정적인 시선을 보낸 적이 있나요? 혹시 책을 읽고
나서 그들에 대한 인식이 바뀌었다면 어떻게 달라졌는지 말해 보세요.

자유롭게 말하게 한다.

목련은 아빠의 부재 속에서도 엄마와 행복하다.

누구와 사느냐보다 어떻게 사느냐가 중요하다. 등

1-2) 우리 사회의 가족 형태를 과거와 비교해 보세요.

과거의 가족 형태는 원칙적으로 하나로 고정되었고 구성원은 획일적이었다. 지금은 일인 가
족, 재혼 가족, 다문화 가족 등 과거와 달리 형태도 구성원도 다양해졌다.

1-3) 우리 사회도 전통적인 가치관에서 벗어나 책 속의 엄마와 딸처럼 권위를 허물고 자유로우면 어떨
까요? 이런 관계가 효의 측면에서 봤을 때 바람직한가에 대해 이야기해 보세요.

부모가 권위를 허물고 자녀에게 자율성을 주었을 때 주인공 목련처럼 좋은 인성을 지니게 된
다. 효는 인성의 바탕이므로 인성과 비례하여 효심도 자란다고 볼 수 있다. 그러므로 부모 자
녀 간의 적절하게 자유로운 관계는 바람직하다. 등

2-1) 가난한 독거노인의 고독사에 대한 이야기를 들어본 적이 있나요? 효의 가치를 내면화하지 못한 현대인이 저지르는 패륜이에요. 효를 내면화하기 위해서는 어떤 방법이 있는지 의견을 말해보세요.

책임감과 참을성 기르기

부모님과 웃어른 공경하는 마음 갖기 등

2-2) 효를 내면화했다면 그것을 일상생활에서 실천하는 방법에는 어떤 것이 있을까요? 떠오르는 대로 말해 보세요.

남을 배려하기

효와 관련한 인성도서 읽기

책 속 주인공의 덕행 따라 하기 등

3-1) 전통적 의미의 효와 현대적 의미의 효를 비교해 보고 효에 대한 생각을 재해석해 보세요.

전통적인 효는 위계질서를 강조하는 수직적인 윤리다.

현대적인 효는 민주주의 속에서 형성된 보편적, 수평적인 윤리다.

3-2) 현대적 의미의 효를 현실에 적용하여 비판적으로 수용하는 방법에 대해 이야기해 보세요.

무조건적으로 효를 강요하면 안 된다. 왜냐하면 현대인들은 전통적 윤리에 저항과 갈등을 느끼기 때문이다.

효를 내면화하여 기본 생활 습관이 되게 한다.

부모를 신뢰할 수 있게 어른들이 모범을 보인다.

자발적으로 효를 실천하게 한다. 등

 '나의 얼토당토않은 엄마' 관련 활동

STEP 1 생활 속에서 효도하기

* 방학 동안이나 혹은 일정한 기간을 정해서 효도를 생활 속에서 실천해보세요. 그리고
  아래 표에 효도한 내용이 무엇이었는지 적어보세요.

날짜	실천 내용

* 글쓰기

효도를 실천하면서 느낀 점을 글로 써 보세요.

STEP 2 편지 쓰기

    소설의 뒤표지에는 시인 박상률 선생님이 쓰신 뒤표지 글이 실려 있어요. "아이들아 이 짠한 엄마를 어떡하면 좋겠니? 이제 너희들이 대답을 준비할 차례다."라는 박 상률 선생님의 "이 짠한 엄마를 어떡하면 좋겠니?"의 물음에 각자 대답을 편지글로 써 보세요.

STEP 3 관련 매체

「엄마를 부탁해」, 신경숙 글, 창비

    '너'는 작가다. 까막눈 엄마는 큰딸 '너'를 중학교에 보내기 위해 패물 반지를 판다. 엄마의 왼손 중지에는 반지 대신 깊이 팬 자국만 남았다. 작가가 된 '너'는 외국 생활을 하며 엄마를 거의 잊고 산다.

'너'의 엄마는 고아원 원장에게 노안을 핑계 삼아 딸의 책을 읽어달라고 한다. "얼마나 딸의 소설을 읽고 싶었으면 이 젊은 여자에게 이 소설을 쓴 작가가 내 딸이라는 말은 못하고 눈이 잘 보이지 않으니 읽어달라고 했을까?" 그리고 엄마는 돌아가셨다. 딸은 몸 전체가 잿빛을 띤 새가 대문 앞에 죽어있는 것을 본다. '너'의 엄마는 자신이 태어난 집 마루에서 자신의 엄마를 본다. "엄마는 웃지 않네. 울지도 않네. 엄마는 알고 있었을까. 나에게도 일평생 엄마가 필요했다는 것을." 누군가의 엄마였던 여자는 자신의 엄마를 보며 누군가의 딸이 된다.

'너'는 이탈리아에 있다. 엄마가 예전에 부탁한 장미묵주를 사면서 피에타 상을 본다. 너는 여인상 앞에서 아무런 말을 할 수 없다. 여인상을 물러나와 광장의 빛 속에서 '너'의 한 마디가 입술 사이에서 간신히 흘러나온다. "엄마를, 엄마를 부탁해."

＊ '풍수지탄(風樹之嘆)'이라는 말이 있어요. 이 사자성어의 뜻을 아는 친구는 발표해 보세요.

잘 발표해 주었어요. '모든 일은 다 때가 있다'라는 속담과 맥이 통하는 말이에요. 서양의 격언에는 '행동하지 않는 양심은 양심이 아니다'라는 말도 있어요. 동서양을 막론하고 실천의 중요함을 강조한 말이라고 생각해요. 위에서 살펴본 두 권의 책을 읽고 효의 가치를 내면화해서 그것을 생활에서 실천하는 여러분이 되기를 바랍니다.

'난중일기' 들여다보기

STEP1 난중일기'의 줄거리

장군 이순신은 전쟁에 대비하여 수시로 무기와 배를 점검한다. 왜란 직전인 1592년 4월 12일 일기에 "아침밥을 먹은 뒤 배를 타고 거북선에서 지자포, 현자포를 쏘아 보았다."는 내용이 있다. 왜란에 대비하여 매일같이 만반의 준비를 다하고 있음을 알 수 있다.

이순신은 어머니 걱정에 자주 눈물을 흘린다. 1594년 1월 11일 일기에는 "기운이 가물가물하시고 살아 계실 날이 얼마 남지 않으신 듯했다. 하릴없이 눈물만 흘러내렸다." 하며 편찮으신 어머니를 뵙고 슬퍼하는 내용이 나온다. 아들과 조카에 대한 염려로도 종종 눈물을 흘린다. 그 외 그의 군사나 동료, 궁핍한 백성들 또한 소홀히 하지 않는다. 원균의 야비함에 분노하는 내용도 있다. 잘 알려지지 않은 이순신의 인간적인 모습이다.

　이순신은 1598년 11월 17일을 끝으로 7년간의 일기를 멈춘다. 다음 날 18일에 임진왜란 최후의 해전, 노량 싸움이 시작된다. 이순신은 19일 새벽 적의 유탄에 맞아 전사한다.

STEP2 이야기하며 토론해 보기

가. 나의 삶과 관계 맺기

1) '난중일기'를 잘 읽어 보았나요? 책의 내용 중에 어떤 내용이 가장 인상 깊었나요?

　책의 내용 안에서 허용적으로 말하게 한다.

2-1) 혹시 여러분의 친구 중에 일기를 꾸준하게 쓰는 친구가 있나요? 그런 친구를 보면 무슨 생각이 드나요?

　자유롭게 말하게 한다.

2-2) 그렇군요. 마음먹은 일을 꾸준하게 실천하는 일은 칭찬해 줄 일이지요. 일기 쓰는 일이 아니어도 좋아요. 여러분 중에서 자신이 계획한 일을 포기하지 않고 꾸준하게 노력한 경험이 있으면 자신 있게 발표해 보아요.

　자유롭게 말하게 한다.

나. 책과 친해지기

1-1) 이제 책 속으로 들어가 봅시다. 이순신이 백의종군하여 전쟁터로 가던 중에 어머니가 돌아가시게 돼요. 그 부분의 일기를 찾아보세요. 이순신은 어떻게 행동했나요?

　1597년 4월 13일 일기이다.

　이순신은 어머님이 돌아가셨다는 소식을 듣자 "방을 뛰쳐나가 슬퍼 뛰며 뒹굴었다."

1-2) 만약 위와 같은 상황에서 이순신이 겪은 일을 여러분이 그대로 겪는다면 어떻게 행동했을 것 같나요?

　자유롭게 말하게 한다.

2-1) 이순신은 군사나 동료, 궁핍한 백성들을 소홀히 하지 않았다고 해요. 이순신이 그들에게 덕행을 베푼 날들의 일기를 찾아보고 그 내용에 대해 이야기해 보세요.

　1596년 1월 23일 "아침에 옷 없는 군사 17명에게 옷을 주고는 여벌로 한 벌씩을 더 주었다. 하루 내내 바람이 험하게 불었다."

　1597년 7월 13일 "장득홍은 자기 비용으로 복무한다고 하여 양식 두 말을 내주었다."

　1597년 9월 초9일 "제주에서 끌고 온 소 다섯 마리를 녹도, 안골포 두 만호에게 주었다. 잡아서 장수들과 군졸들에게 나누어 먹이도록 지시한 것이다." 등

2-2) 이순신이 목민관으로서 백성에게 덕행을 베푸는 모습은 우리들에게 귀감이 되지요. 혹시 여러분 중에서 어려움에 처한 이웃이나 친구를 도운 경험이 있나요? 생각나는 대로 이야기해 보세요.

　자유롭게 말하게 한다.

2-3) 이순신은 진중에서도 늘 어머니의 건강을 염려하고 소식을 기다렸어요. 이순신이 효를 실천한 날의 일기를 찾아보세요. 여러분들이 이순신의 마음이 되어 효를 실천한다면 어떻게 할 수 있는지 방법을 이야기해 보세요.

　1596년 윤8월 12일~13일 일기 등

　내가 할 수 있는 효 실천 방법을 자유롭게 말하게 한다.

다. 조화로운 삶을 위해서

1-1) 이제 책 밖으로 나와 사회에 대한 이야기를 한 번 해 보겠어요. 임진왜란이 일어나자 이순신은 목숨을 바쳐 국난을 극복해 냅니다. 요즈음 우리 사회는 촛불 시위로 조용히 타오르고 있어요. 국가의 위기를 극복해 보자고 국민들이 힘을 모았어요. 촛불 시위의 의미에 대해 생각나는대로 이야기해 보세요.

　자유롭게 말하게 한다.

1-2) 이순신은 어머니에 대한 효심이 지극했지만 어머니는 아들에게 나랏일이 우선이라고 가르치셨습니다. 여러분이 촛불 시위에 참여하고 싶다고 말한다면 부모님은 찬성할까요? 반대할까요? 의견을 이야기해 보세요. 부모님이 왜 그렇게 생각하는지 이유도 짐작하여 이야기해 보세요.

　자유롭게 말하게 한다.

2) 효는 인성교육의 바탕이라고 합니다. 효의 실천은 나라를 사랑하는 마음과 연결됩니다. 이순신이 훌륭한 인물이 될 수 있었던 것도 효심이 바탕이 되었기 때문이 아닐까요? 효심을 내면화하여 나라를 위해 내가 할 수 있는 일이 무엇일까 생각해 보세요.

　효심이 내면화된 사람은 인성이 곧고 바르다. 곧고 바른 인성을 바탕으로 하여 나에게 맡겨진 본분에 충실할 것이다. 등

'난중일기' 관련 활동

STEP 1 '일년일기' 쓰기

    학창시절을 기록하는 일기를 써 보세요. 이순신은 수군총사령관으로 전쟁을 수행하면서 그 내용을 일기로 기록했어요. '난중일기'는 2013년에 유네스코에 등재되었어요. 유네스코 한국위원회는 "군사령관이 전장에서 겪은 이야기를 서술한 기록으로서는 세계사에서 그 유례를 찾아보기 힘들다."고 등재 이유를 밝혔다고 해요. 여러분도 자신의 학창시절에 겪은 의미 있는 이야기를 일기로 기록해 보세요. 먼 훗날 돈으로 살 수 없는 소중한 재산으로 남을 거예요.

STEP 2 시 감상하기와 기타 활동

북쪽에 갔을 때도 고락을 같이 하고	(北去同勤苦)
남쪽에 와서도 생사를 함께하는구나	(南來共死生)
오늘 밤 달빛 아래 한 잔 술을 나누고 나면	(一杯今夜用)
내일은 이별을 아쉬워하겠구나	(明日別離情)

＊ 위 시와 같이 한 구가 다섯 글자의 한자이며 기(起), 승(承), 전(轉),결(結) 네 구로 이루어진 형태의 한시를 무엇이라고 하는지 알아보세요.

＊ 위 시는 '난중일기'에 수록되어 있어요. 이순신이 이 한시를 짓게 된 동기와 한시를 기록한 그 날의 일기를 옮겨 적어 보세요.

＊ 위의 한시 이외에 이순신이 지은 한시나 시조를 찾아서 적어 보세요.

108

관련 영상 시청

영화 '명량' 다운받아 보기

인쇄 매체와 영상 매체의 특성을 고려하여 소설 '난중일기'의 이순신과 영화 '명량'에서 본 이순신을 비교하여 보세요. 그리고 이순신의 효심과 효의 실천이 나라 사랑으로 이어지는 연결고리를 찾아 이야기해 보세요.

자유롭게 이야기하며 활동을 마무리 한다.

CHAPTER

5 존중, 조화로운 삶의 출발점

김중미 글 | 창비

전경옥 글 | 네잎클로바

존 스튜어트 밀 글 | 문예출판사

맛있게 읽는 도서

| 관련 도서 |

 존중

1. 모두 깜언
2. 동물의 행복할 권리
3. 자유론

CHAPTER 5

어떻게 읽을까요?

1 외국에 이민을 가서 살면 어떤 어려움이 있을지 생각하며 읽어요.
2 우리 주변의 동물은 행복하게 살고 있을지 생각하며 읽어요.
3 민주주의 사회에서 자유란 어떤 의미인지 생각하며 읽어요.

어떤 내용일까요?

1단계 : 모두 깜언

강화도에 사는 중학생 유정과 주변인물의 이야기입니다. 엄마, 할머니, 노조 운동 후 귀농한 작은아빠, 베트남 출신의 작은엄마, 그리고 친구인 광수, 우주, 지희 등이 등장합니다. '깜언'은 베트남어로 고맙다는 뜻입니다. 유정이가 사는 강화도 살문리 사람들은 가끔 서로 다투기도 하고 세련되지 못한 표현 때문에 오해가 생기기도 합니다. 그러나 상대를 인정하는 인사말 '깜언'처럼 정이 깊고 따뜻한 마음을 간직한 채 서로를 존중하며 살아갑니다.

2단계 : 동물들의 행복할 권리

동물원 문제와 동물 쇼 반대 운동가인 진경옥의 글모음입니다. 이 책은 기본적으로 우리들 주변에 사는 동물은 과연 행복할까 하는 소박한 문제의식에서 출발합니다. 동물 학대처럼 오늘날 누구나 문제의식을 느끼는 문제부터, 동물 쇼, 가축 사육, 동물 실험까지 우리가 미처 인식하지 못하는 문제까지 동물에 관련된 여러 사안을 함께 고민하게 합니다.

3단계 : 자유론

영국의 철학자 존 스튜어트 밀의 고전인 자유론은 제목 그대로 시민사회에서 자유의 의미를 깊이 있게 고찰합니다. 인간의 자유란 어디까지 보장해야 하는지, 언제 제한되어야 하는지, 자유를 보장하는 일은 왜 중요한지 등 까다로운 철학적 문제를 다룹니다. 하지만 이 문제는 이론적 차원에서만이 아니라 오늘날 민주시민으로서 살아가는 우리가 일상적 삶에서 너무나 자주 또 많이 접하는 것입니다. 밀의 책은 우리가 너무나 일상적으로 접하기 때문에 충분히 고민하지 않는 '자유'의 문제를 심도 있게 고찰합니다.

존중에 대해 생각해 보기

존중(尊重)은 '높이어 귀중하게 생각'하는 태도를 말한다. 여기서 귀중이란 보배롭고 소중한 가치가 있다고 여긴다는 말이다. 즉 흔하지 않다고 보는 태도며 없어지면 손실이 크다고 인정한다는 뜻이 담겼다. 인성으로서 존중을 좀 더 세밀하게 들여다 보면 대상에 따라 몇 가지로 나누어 생각해볼 수 있다. 우선 타인에 대한 존중이다. 사람은 누구나 독자성, 개성, 개별성을 지니기 때문에 같은 사람은 없다. 따라서 나와 다른 사람은 모든 면에서 차이가 날 수밖에 없다. 이때 차이를 인정하느냐 인정하지 않느냐에 따라 존중과 관용하는 태도 또는 차별하고 비난하는 태도가 드러난다. 인간은 사회를 이루고 살아야 하는 존재인 만큼 타인과 자신 간에 존재하는 차이를 최대한 인정하고 존중하려는 태도야말로 필수적인 덕목이라 하겠다.

두 번째는 자신에 대한 존중이다. 자기 자신을 귀한 존재로 여기는 태도를 말한다. 자신감은 자기 존중의 구체적인 표현이다. 그러나 자신감이 자신이 지닌 능력에 근거하는 경향을 보인다면 존중은 그보다 근본적 차원에서 자신의 독자성을 믿고 이를 소중히 여기는 자세를 의미한다. 주어진 과제를 효율적으로 해결하는 일상적 의미의 능력과 무관하게 자기의 존재 자체만으로도 가치가 있음을 믿는 자세가 자기 존중의 정신이다. 자기 존중이 중요한 이유는 이것이 타인에 대한 존중과 밀접한 관계가 있기 때문이다. 자신의 개별성을 인정하지 않는 사람이 타인의 개별성을, 나아가 타인의 존재 가치를 인정할 리 없다. 이런 의미에서 보자면 존중의 가장 근본적인 태도는 자기 존중이라 하겠다.

세 번째는 동물을 비롯한 생명체 전체에 대한 존중을 생각할 수 있다. 인간이 사는 세계는 다른 생명체로 가득한 곳이다. 다른 생명체가 소멸하면 인간의 삶도 함께 소멸한다는 점을 생각해보면 생명 일반에 대한 존중이 곧 인간 자신에 대한 존중으로 연결됨을 깨닫게 된다. 인간과 비슷하게 고통과 기쁨과 같은 감정을 느끼고 표현하는 동물에 대한 존중은 그중에서도 우리가 관심을 가져야 할 대목이다. 특히 인간과 인접한 공간에서 밀접하게 생활하는 가축이나 반려동물에 대한 존중은 반드시 신경 써 살펴야 할 부분이다.

존중은 여러 다른 덕목과 자세가 결합하여 구체화되는 덕목이다. 인내, 솔직함, 예민함, 배려, 상상력, 권위에 대한 도전, 자율성, 독립성이 바로 그것이다. 예를 들어, 존중은 차이에 대한 인식이 선행되어야 하므로 우선 예민해야 하고 상대 처지를 이해하는 상상력이 요구된다. 상대 입장에 자신을 놓고 생각해 볼 수 있어야 하기 때문이다. 또한, 인내는 필수적인 덕목이다. 나와 타인의 차이는 대개 불쾌함으로 다가오므로 이를 참고 꼼꼼 생각해보려면 일단 그 상황을 인내

할 수 있어야 한다.

　아울러 존중은 권위에 대한 도전의식과 자율성을 요구한다. 즉 전통이나 관습에 대해 의심해 보고 끊임없이 재검토해보려는 적극성이 필요하다는 뜻이다. 관습에 대한 집착 또는 무비판적 수용은 새로운 습관에 배타적이기 쉽다. 조금만 차이를 보여도 즉각 거부하려는 태도를 보이게 된다. 따라서 권위에 대한 반성적 태도가 전제되지 않으면 존중은 이룰 수 없는 덕목이다. 개인 차원에서도 권위적 태도는 존중의 적이다. 예를 들어, 윗사람으로 권위를 세운다면 필연적으로 아랫사람의 의견을 무시하는 결과를 낳게 된다.

　이상과 같은 존중 이해를 바탕으로 독서활동을 크게 세 부분으로 구성하였다. 첫 번째는 김중미의 소설 〈모두 깜언〉을 통해 다른 문화에 대한 존중을 살펴보려고 한다. 다양한 문화권에서 한국인으로 거듭난 우리 이웃들과 함께 평화롭고 조화롭게 사는 첫걸음은 바로 타문화에 대한 존중이기 때문이다. 두 번째 책은 동물에 대한 존중을 다룬 전경옥의 〈동물의 행복할 권리〉이다. 반려동물의 문제로부터 동물 시험까지 존중해 마땅한 생명체로서 동물에 대한 여러 각도의 문제의식을 풍성히 전해준다. 세 번째는 존 스튜어트 밀의 〈자유론〉이다. 잘 알려진 대로 이 책은 민주주의 원리로서 타인의 다른 의견에 대한 존중이 기대고 있는 철학적 근거를 논리정연하게 다룬 고전이다.

STEP 1 ‘모두 깜언’의 줄거리

강화도 양도면 살문리 중학생 유정을 중심으로 한 이야기. 유정이는 언청이로 태어나 학교에서 놀림을 받기도 한다. 부모가 이혼 후 할머니와 작은 아빠, 엄마와 함께 산다. 작은 아빠는 노동자였지만 노조 운동 후 해고를 당한 후 귀농했고, 작은 엄마는 베트남 출신의 응우엔 티 투이다. 할머니는 무뚝뚝하지만, 은근히 정이 깊다. 그 외 가족만큼이나 가까운 친구들인 김광수와 이우주, 지희 등과 함께 친하게 지낸다.

소박하고 평화로운 생활이지만 농촌 현실은 마냥 아름답지만은 않다. 친환경 농업을 지켜나가려는 작은 아빠는 FTA가 닥쳐오면서 경제적으로 힘들어지는 상황 때문에 괴로워한다. 작은 목장을 운영하던 광수네 역시 구제역으로 소를 두 번이나 도살 처분한 뒤 고통스러운 나날을 보낸다. 이런 상황을 잘 아는 아이들은 선생님이 가업을 이어 농사를 짓거나 노동자가 되는 미래가 어떻겠냐고 제안하면 싫다고 대답할 뿐이다.

유정이를 비롯한 주변 사람들 모두 각자 마음의 상처가 있다. 유정이는 부모의 이혼에 육체적 결함으로 마음이 늘 무겁다. 광수 역시 부모가 이혼한 상태며 나중에야 어머니가 조선족이었다는 사실을 알게 된다. 작은 엄마 역시 함께 한국으로 시집온 동생 로엔이 사기 결혼으로 괴로워하는 모습을 보며 안타까울 뿐이다.

하지만 유정과 친구들은 서로의 부족함을 우정으로 채워가며 중학교의 마지막 한 해를 보낸다. 그리고 각자 자기 처지에 맞는 고등학교에 진학하면서 밝은 미래를 기대해본다.

STEP 2 이야기하며 토론해 보기

 가. 나의 삶과 관계 맺기

1-1) 별명이 있나요?

허용적으로 대답하게 한다

1-2) 별명이 마음에 드나요? 아니면 싫은가요? 구체적인 이유는 들어 대답해 보세요.

마음에 들지 않는다. 나를 존중하지 않는 것 같다. 등

2-1) 주변에 우리나라에 뿌리를 내리고 사는 외국인이 있나요?

허용적으로 대답하게 한다

2-2) 외국인이 우리나라에서 살 때 어떤 점이 가장 어려울지 생각해보세요.

말이 통하지 않아 의사소통이 어려울 것 같다.

음식이 입에 맞지 않아 힘들 것 같다.

어려운 일이 있을 때 상의할 곳이 없어 힘들 것 같다.

나. 책과 친해지기

1-1) 책의 제목에 등장하는 "깜언"은 무슨 뜻인가요?

고맙다

1-2) 이 말은 어느 나라 말인가? 같은 뜻의 다른 나라말을 알면 말해보세요.

프랑스어: 메르시

독일어: 아리가또 고자이마스

중국어: 셰셰

2-1) 광수 할머니는 왜 유정이를 나무랐나요?

유정이가 광수를 때렸기 때문.

2-2) 광수 할머니의 말에서 '부모 없는 병신'이라는 표현에서 알 수 있는 편견은 무엇인가요.

결손가정이나 장애인에 대한 편견

3-1) 할머니는 작은 엄마가 개명하는 것을 미루자고 한 이유는 무엇인가요?

한국국적을 취득하면 도망할까봐

3-2) 작은 아빠는 아내가 개명하는 것을 왜 미루자고 했나요?

본인이 자발적으로 개명을 원할 때까지 미루자고 함.

3-3) 두 사람의 태도 중 누구의 의견에 동의하는가? 동의하는 이유를 포함하여 자기 의견을 말해보세요.

허용적으로 대답하게 한다.

4-1) 아이들은 혼혈인을 무엇이라고 부르나요?

다민족

4-2) 이 말 속에는 무슨 태도가 숨어 있나요?

우리와 다르다.

우리 집단 소속이 아니다.

5-1) 로엔은 왜 유정의 집에 오게 되었나요?

일종의 사기 결혼을 당했기 때문에.

5-2) 할머니가 로엔을 동정하는 이유는 무엇인가요?

같은 여성으로서 고단한 삶을 사는 게 안타까워서.

다. 조화로운 삶을 위해서

1-1) 우리가 일상에서 사용하는 말 중 상대를 존중하는 표현이 아닌 낱말은 무엇이 있는지 말해보세요.

식당에서 '아줌마'하고 부르는 것.

미망인(남편을 따라 죽지 못한 여자라는 뜻이므로 차별적)

1-2) 이 말 각각을 상대를 존중하는 표현으로 바꾸어보세요.

차림사 (식당에서 일하는 분들이 제시한 바 있는 표현임)

미망인을 대체할 수 있는 표현을 제시해본다.

2-1) 우리 사회에서 가장 존중받지 못하는 외국인들은 어느 나라 사람들이라고 생각하나요?

주로 동남아시아나 아프리카 등 저개발국가에서 온 노동자들

2-2) 그들이 왜 무시당한다고 생각하는지 이유를 말해보세요.

피부색이 우리보다 검다 등

'모두 깜언' 관련 활동

STEP 1 우리나라에 귀화한 외래 성씨 조사하기

- 학급에서 두 조(A,B)를 만든다(A조 인원을 B조 인원보다 더 많이 배당)
- A조는 '아시아에 속한 나라에서 유래한 성씨'를 조사한다.
- B조는 '아시아 외 나라에서 유래한 성씨'를 조사한다.
- 각 조는 조사해온 내용을 발표한다.
- 발표를 듣고 각 학생은 감상문을 적어 제출한다.

STEP 2 존중 지수 점검해보기

- 가족끼리 다음 체크리스트를 해보고 점수를 비교해보자.
- 점수가 가장 높은 사람과 낮은 사람이 각각 느낀 바를 발표해본다.

번호	항목	전혀 그렇지 않다	그렇지 않다	보통	그렇다	매우 그렇다
1	흑인을 보면 왠지 무섭다.	5	4	3	2	1
2	네팔이나 필리핀에서 온 친구보다 미국에서 온 친구와 더 친해지고 싶다.	5	4	3	2	1
3	흑인 친구보다 백인 친구와 더 친해지고 싶다.	5	4	3	2	1
4	동남아 사람들은 왠지 더러워 보인다.	5	4	3	2	1
5	외국인 노동자가 우리나라에 오지 않았으면 좋겠다.	5	4	3	2	1
6	국제결혼에 반대한다.	5	4	3	2	1
7	내가 외국인과 결혼한다는 것은 있을 수 없는 일이다.	5	4	3	2	1
8	혼혈아와 친구하고 싶지 않다.	5	4	3	2	1
9	우리나라보다 가난한 나라에 사는 사람들은 우리에게 아무런 도움이 되지 않는다고 생각한다.	5	4	3	2	1
10	우리나라에 탈북자들이 점점 증가하는 것이 싫다.	5	4	3	2	1
11	외국인과 나는 근본적으로 차이가 있다.	5	4	3	2	1
12	나는 흑인과 기꺼이 친구가 될 수 있다.	5	4	3	2	1

13	나는 동남아시아인과 기꺼이 친구가 될 수 있다.	5	4	3	2	1
14	나는 탈북자와 기꺼이 친구가 될 수 있다.	5	4	3	2	1
15	나는 백인과 기꺼이 친구가 될 수 있다.	5	4	3	2	1
16	나는 흑인과 기꺼이 이웃에 살 수 있다.	5	4	3	2	1
17	나는 동남아시아인과 기꺼이 이웃에 살 수 있다.	5	4	3	2	1
18	나는 탈북자와 기꺼이 이웃에 살 수 있다.	5	4	3	2	1
19	나는 백인과 기꺼이 이웃에 살 수 있다.	5	4	3	2	1
20	나는 흑인과 기꺼이 가족이 될 수 있다.	5	4	3	2	1
21	나는 동남아시아인과 기꺼이 가족이 될 수 있다.	5	4	3	2	1
22	나는 탈북자와 기꺼이 가족이 될 수 있다.	5	4	3	2	1
23	나는 백인과 기꺼이 가족이 될 수 있다.	5	4	3	2	1
계						

* 출처: 조영달 외, 다문화가정 지원을 위한 자료개발 연구, 교육인적자원부 정책연구과제 결과 보고서(2006)

STEP3 관련 매체

관련 영상 시청

EBS 방영 〈글로벌 아빠 찾아 삼만리〉에 방영된 에피소드를 하나 선택해 시청하고 소감문을 적어보자.

출처: EBS 〈글로벌 아빠찾아 삼만리〉 프로그램 소개

이제, 외국인 100만 명 시대를 넘어, '외국인 근로자 100만 명' 시대를 눈앞에 두고 있다. 그리고, 85만 명이 넘는 외국인 근로자들 중 절반 이상이, 가족의 생계를 위해 한국에서 홀로 생활하는 가장(家長)들, 즉 기러기 아빠들이다.

'아빠 찾아 삼만 리'는 100만에 가까운 외국인 근로자들, 그들 중 가족들을 떠나온 아버지와, 아버지를 떠나보낸 어린 자녀들이 만들어내는 웃음과 감동의 프로젝트다.

한국이라는 먼 나라에서홀로 외롭게 일하며 살고 있는 아빠를 어린 자녀가 찾아 떠난다. 태어나 처음 만나는 낯선 대한민국! 한국 땅에 도착해 아빠를 찾아가는 여정을 함께 따라가며, 아이의 눈에 비친 한국과 한국인, 외국 아이를 대하는 우리의 모습을 담아, 색다른 재미와 감동, 그리고 우리의 모습을 돌아보는 성찰의 시간이 될 것이다.

또한, 아이와 아빠의 감동적인 만남의 순간을 통해, 우리 시대의 가족 사랑의 의미를 되새긴다.

'동물들의 행복할 권리' 들여다보기

 '동물들의 행복할 권리'의 줄거리

동물원 문제와 동물 쇼 반대 운동가인 진경옥이 쓴 책이다. 그는 2012년 동물 보호 단체인 '동물을 위한 행동'를 설립한 바 있다. 책에서 다루고 있는 주제는 크게 일곱 가지다. 첫째는 반려동물이다. 우리 사회에서 과거에는 애완동물로 불리던 친숙한 동물들이 이제는 반려동물로 불리며 그 수도 많이 늘어났다. 사람이 행복하려고 기르는 반려동물. 그러나 정작 당사자인 동물은 행복할까. 특히 최근 사회적 문제로 대두한 길고양이 문제도 논의 대상이다. 반려동물을 기르다 쉽게 버리는 행태에 대한 문제를 제기한다.

둘째 주제는 동물학대다. 동물 학대는 단지 동물에 대한 학대가 아니라 사람을 포함한 모든 약자에 대한 폭력성의 발현이다. 개를 트렁크에 매달고 달려 결국 개를 죽게 한 일명 '악마 에쿠스 사건'이 대표적이다. 동물은 생명체이기 때문에 물건이 결코 아니며, 동물에 대한 폭력 방지가 곧 인간 사회의 약자를 보호하는 계기임을 사례를 통해 주장한다.

셋째, 동물원과 동물쇼 문제. 소제목은 &왜곡된 사랑&이다. 우리는 생태체험을 통해 동물을 접하면서 자연과 하나가 된 듯한 느낌을 즐긴다. 그러나 과연 동물을 이 과정을 어떻게 느낄까. 우리처럼 인간과 하나된 즐거움을 체험할까 아니면 죽고 싶을 만큼 괴로움을 느낄까.

넷째 주제는 야생동물의 복지와 행복이다. 동물원에 대한 논란은 찬반이 팽팽하게 갈리는 주제 중 하나다. 희귀 동물 보호라는 목적을 달성하는 효율적인 방편이기도 하지만 정당화된 동물 학대이기도 하다.

다섯째는 우리가 전통이라 부르는 보신탕 문화에 대한 질문이다. 개고기를 먹을 것인가 말 것인가 하는 진부한 주제만 아니라 보신탕의 재료로 희생되는 개들의 고통스러운 상황, 더불어 인간에게까지 미치는 악영향을 사례를 들어 설명한다.

여섯째, 잡식동물의 슬픔이다. 반려동물의 반열에 오르지는 못하고 다만 우리 식탁에 말 그대로 고기반찬으로 오르는 사육되는 동물이 관심 주제다. 공장식 축산업의 폐해를 고발하고, 도살 방법의 개선을 포함하여 대안을 제시한다.

일곱 번째는 실험실에서 생명을 다하는 동물들의 이야기다. 일반인이 가장 무관심한 대상이 바로 실험실 동물이다. 과학과 의학의 이름으로 사그라져 가는 동물들이 불쌍하다고 해서 동물실험 과정을 전혀 없을 수는 없다. 그렇지만 적어도 반복된 실험으로 고통을 가중하는 방식을 개선하고 불필요한 실험을 줄여서 조금이나마 생명체의 고통을 줄이는 방법을 제안한다.

 STEP 2 이야기하며 토론해 보기

 가. 나의 삶과 관계 맺기

1) 직접 관리해본 반려동물이 있나요? 자기 경험을 구체적으로 말해보세요.

　허용적으로 대답하게 한다.

2-1) 동물원에 갔을 때 어떤 동물이 가장 흥미로웠나요?

　허용적으로 대답하게 한다.

2-2) 매력을 느낀 이유는 무엇인가요?

　허용적으로 대답하게 한다.

1-1) 최근에는 '애완동물'이라는 말 대신 어떤 말을 주로 사용하나요?

반려동물

1-2) 왜 명칭을 바꾸었나요?

동물이 한 가족임을 강조하여 존중하는 마음을 느끼게 하려고.

2-1) 동물 학대를 범죄로 취급해야 하나요? 아니면 취향으로 인정하여 관용해야 하나요?

범죄로 취급해야 한다.

2-2) 동물 학대는 왜 심각한 문제인가요?

생명경시 풍조를 일으켜 결국 인권의식을 위협할 수 있다.

3-1) 생태체험 프로그램의 내용은 주로 무엇인가요?

생물을 직접 만지게 하는 활동 등이 포함되어 있다.

3-2) 생태체험이 생명의 소중함을 일깨워 주나요?

허용적으로 대답하게 한다.

4-1) 멧돼지가 도시에 출몰하는 이유는 무엇인가요?

먹이가 부족해서.

4-2) 어떻게 하면 멧돼지가 도시에 오지 못하게 할 수 있을까요?

도토리묵의 원료가 되는 도토리 등 인간의 기호품이지만 동물에게는 생존에 직결된 식물 채집 금지.

5-1) 구제역 때문에 도살되는 가축은 무엇인가요?

돼지.

5-2) 구제역 확산을 막는 조치를 할 때 개선해야 할 점은 무엇인가요?

공장식 축산 시설 개선

6-1) 실험실에서 왜 동물을 대상으로 실험할까요?

인간에게 실험하기 어렵기 때문에.

해당 동물이 가진 특수한 성질 때문에

6-2) 실험실 동물의 고통을 줄여줄 방법은 무엇이 있을까요?

대체할 수 있는 시험 방식 개발

한 동물에 실시하는 실험 횟수를 줄여서 고통을 감소시킨다

다. 조화로운 삶을 위해서

1) 고칠 수 없는 병에 들어 힘들어하는 개가 있다면 어떻게 해야 생명을 존중하는 방법일까 말해보세요.

　　허용적으로 대답하게 한다.

2-1) 바닷가에 갔다가 재미 삼아 바다 생물(게, 작은 물고기 등)을 잡아왔다가 내버려두어 죽인 적이 있나요? 자기 경험을 말해봅시다.

　　허용적으로 대답하게 한다.

2-1) 앞으로는 어떻게 해야 할까요? 또 어린아이들이 그렇게 행동하는 것을 본다면 어떤 말을 해주면 좋을까요?

　　허용적으로 대답하게 한다.

'동물들의 행복할 권리' 관련 활동

 STEP 1 **찬반토론**

다음 주제를 놓고 찬성과 반대로 나누어 토론해보자

주제: 인간을 위한 동물실험은 계속되어야 하는가.

찬성	반대
① 질병을 예방하고 좋은 치료법을 개발할 수 있다.	① 실효성이 부족한 불필요한 실험이다.
② 인간의 생명을 살리는 의약품 개발을 위해서는 어쩔 수 없다.	② 생명경시 풍조를 불러일으킨다.

STEP 2 유기견 보호센터 봉사활동 해보기

– 가까운 유기견 보호센터를 조사하여 봉사활동 계획을 수립한다.

– 직접 유기견을 만나는 봉사활동(예: 급식, 청소 등)을 한다.

– 동물 존중을 주제로 소감문을 작성해 본다.

〈동물 존중 봉사활동 개인 보고서〉

봉사활동 장소 및 시간

봉사활동 내용

소감문

기념사진

STEP 3 관련 매체

★ 다음 다큐멘터리 영화를 보고 감상문을 적어보자.

관련 영화 시청

줄거리: 구제역 때문에 온 나라가 힘들던 어느 날, 황윤 감독은 살아있는 돼지를 한 번도 본 적이 없다는 사실을 떠올리고 돼지를 찾아보기로 한다. 돼지 사육장 견학을 통해 우리 밥상에 돼지가 사육되는 곳이 농장이 아닌 공장이라는 점을 깨닫는다. 그리고 자연스럽게 돼지를 기른다는 산골 농장에서 돼지가 자라는 모습을 지켜보며 돼지의 새로운 모습을 발견한다. 돼지들과 정이 들고 영리하고 사랑스러운 모습을 보면서 그동안 좋아했던 돼지고기를 마음 편하게 먹을 수 없게 된다. 남편과 아들은 여전히 육식을 즐긴다. 그 때문에 식단을 결정하는 일도 힘들어진다. 대안은 무엇인가.

 '자유론'의 줄거리

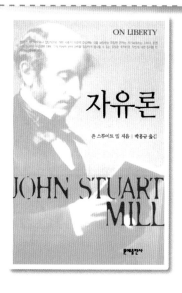

이 책은 시민의 자유를 다룬다. 시민으로서 각 개인이 사회 안에서 어떻게 자유를 누릴 수 있으며 또 허용해야 하는지를 고찰한다. 우선 자유의 기본 영역은 내면적 의식의 영역, 기호를 즐기고 자기가 희망하는 것을 추구할 개성 추구의 자유, 결사의 자유로 나눌 수 있다. 이러한 자유는 정부의 형태와는 상관없이 존중되어야 할 자유다.

생각의 자유 곧 내면적 의식의 자유를 보장해야 하는 이유는 근본적으로 소수의 의견이 진리일 가능성이 있기 때문이다. 즉 기존의 통설이 틀릴 수 있으므로 이설을 허용해야 한다. 그 이유는 구체적으로 네 가지 정도로 정리된다. 우선, 침묵을 강요당하는 의견이 진리일 수 있다. 둘째, 침묵을 강요당하는 의견이 틀렸다고 해도 약간의 진리를 담고 있을지 모른다. 셋째, 통설이 진리라고 해도, 진지하게 시험을 받지 않으면 사람들이 이를 단순히 편견으로 받아들일 수 있다. 넷째, 주장이 더는 토론되지 않으면 사람들의 성격과 행동에 영향을 끼치지 못한다.

의견의 자유를 보장하기 위해서 중요한 것은 각 개인의 개별성을 보장하는 일이다. 이는 인간을 행복하게 만드는 중요한 요소 가운데 하나다. 만약 개별성을 보장하지 않는다면 개인과 사회의 발전은 기약할 수 없게 된다. 아울러 인간은 기계가 아니라 나무 같은 존재이므로 내면의 힘으로 스스로 자라는 성질을 갖고 있다. 이때 개별성에서 비롯되는 다양성을 조금만 신경을 쓰지 않아도 중요성을 잊어버리기 마련이다. 그러므로 그냥 내버려두면 안 되고 끊임없이 관심과 노력을 기울여야 다양성을 지킬 수 있다.

자유를 제한하는 것은 다른 사람의 이익을 침해할 때다. 즉 사회는 사회 전체의 이익을 보호하는 데 필요하다고 판단하면 사회적 법적 책임을 가할 수 있다. 그러나 개인은 자기 행동이 다른 사람의 이해관계에 해를 주지 않고 자기 자신에게만 영향을 미칠 때 사회에 대해 책임을 지지 않는다. 정부가 비대해지는 현상을 우려스러운 일이다. 정부가 비대해지면 영향력을 더 많이 행사하게 되고 그에 따라 시민은 정부의 눈치를 보게 되어 결국 자유국가의 이상이 훼손되기 때문이다.

STEP 2 이야기하며 토론해 보기

가. 나의 삶과 관계 맺기

1-1) 친구와 함께 간식을 사 먹을 때 어디에 자주 가나요?

허용적으로 대답하게 한다.

1-2) 간식을 고를 때 의견이 맞지 않으면 어떻게 하나요?

서로 의논한다.

2) 여러분은 언제 때 '내가 자유롭다'고 느끼나요?

허용적으로 대답하게 한다.

3-1) 우리에게 '다른 사람의 물건을 훔칠 자유'가 있나요?

아니오

3-2) 왜 그런 자유는 허용되지 않나요?

다른 사람에게 피해를 주기 때문에.

나. 책과 친해지기

1-1) 가톨릭 교회에서는 성인(聖人)을 추대할 때 대상자의 삶과 품성에 대해 회의적인 근거를 제시하면서 반대하는 역할을 하는 직책이 있다. 이런 역할을 하는 직책을 무엇이라 할까요?

　악마의 변호사(devil's advocate)

1-2) 이런 검증 절차가 중요한 이유는 무엇인가? 의견의 존중이라는 차원에서 말해보세요.

　반대의견에도 진실이 숨어 있을 수 있다.

2-1) 다음 두 단어의 의미를 연결해 보세요.

　① 통설(通說). 이설(異說)

　② 세상에 널리 알려지거나 일반적으로 인정되고 있는 설. 통용되는 것과는 다른 주장이나 의견.

　통설: 세상에 널리 알려지거나 일반적으로 인정되고 있는 설.

　이설: 통용되는 것과는 다른 주장이나 의견.

2-2) 이설이 필요한 이유는 무엇인가요?

　서로 대립하는 두 주장 가운데 하나는 진리이고 다른 하나는 틀린 것으로 확연히 구분되기보다는, 각각 어느 정도씩 진리를 담고 있는 경우가 더 일반적이기 때문이다.

3) 전통과 관습에 지나치게 집착하면 안 되는 이유는 무엇인가요?

　개인과 사회의 발전에 필수적인 개성(개별성)을 잃게 된다.

4) 우리에게 '자유의 원칙을 포기할 자유'가 있나요?

　없다.

다. 조화로운 삶을 위해서

1-1) 최근 집에서 가족들끼리 대화를 나눈 기억을 떠올려보세요. 그리고 다음 질문에 대답해 봅시다.

외국인 이야기, 다문화 이야기, 장애인 이야기 등을 소개한다.

1-2) 상대 의견을 무시한 순간은 어느 때였나요? 누구 의견을 왜 어떻게 무시했나요?

허용적으로 대답하게 한다.

1-3) 그 순간 상대방의 기분은 어땠을지 추측해 말해봅시다.

허용적으로 대답하게 한다.

1-4) 내 의견이 무시당한 순간은 어느 때였나요? 누가 왜 어떻게 무시했나요?

허용적으로 대답하게 한다.

2-1) 상대에게 의견의 자유를 존중해야 한다는 원칙에는 예외가 있을까요?

있음.

2-2) 있다면 어느 때일지 말해봅시다.

다른 사람이나 사회에 피해를 줄 때.

3) 상대의 의견이 잘못되었다고 판단될 때 우리가 할 수 있는 최선은 무엇인가?

최대한 설득한다.

'자유론' 관련 활동

STEP 1 '이웃간 갈등 중재하기' 역할극 해보기

- 3~4명을 기준으로 여러 모둠을 만든다.
- 각 모둠별로 이웃간 발생할 수 있는 여러 갈등상황 중 하나를 생각하게 한다.
  (실제로 벌어졌던 사건을 소개하면 가장 좋다)
  예) 층간 소음, 쓰레기 분리수거, 주차 문제
- 각 모둠은 상황을 한 개씩 정하여 역할극을 한다(갈등 상황을 묘사하는 데 치중한다).
- 다른 학생들은 각 갈등 상황을 중재할 구체적인 방법을 생각해본다. 이때 상호 존중이라는 측면을 강조하면서 해결책을 제시해본다.

STEP 2 존중 규칙 만들기

친구와 대화를 나눌 때 상대를 존중하기 위해 필요한 구체적인 규칙을 다섯 가지 적어봅시다. 규칙을 정할 때는 중요도에 따라 A~5를 정한다. 그리고 10일간 실천노트를 체크해봅시다.

규칙목록	
A (★★★★★)	
B (★★★★)	
C (★★★)	
D (★★)	
E (★)	

실천점수판

규칙	점수	1 /	2 /	3 /	4 /	5 /	6 /	7 /	8 /	9 /	10 /
A	5										
B	4										
C	3										
D	2										
E	1										
계											

STEP 3 관련 매체

관련 영상 시청

★ 스티븐 스필버그 감독의 영화 〈마이너리티 리포트〉를 소수 의견의 존중이라는 관점에서 고찰해보자.

줄거리: 2054년 워싱턴, 범죄를 예측해 범죄자를 단죄하는 최첨단 치안 시스템 프리크라임이 운영되는 시대다. 프리크라임 시스템은 범죄가 일어날 시간과 장소, 범인까지 예측해주기 때문에 경찰은 이를 토대로 범죄자들을 미리 체포한다. 프리크라임 팀장인 존 앤더튼은 능력을 인정받고 있는 유능한 인재다. 그는 6년 전 아들을 잃은 아픈 기억 때문에 다른 사람이 같은 경험을 하지 않게 하려고 노력한다. 어느 날 프리크라임 감사를 위해 연방정보국에서 대니 워트워가 파견되는데 그와 존 앤더튼은 첨예하게 대립하게 된다. 그러던 중 프리크라임 시스템은 앤더튼이 살인하는 장면을 예견한다. 이제 프리크라임은 앤더튼을 추격한다. 억울하게 누명을 쓰게 된 앤더튼은 음모를 파헤치고 미래를 바꾸기 위해 미래의 피살자를 직접 찾아 나선다. 그 과정에서 믿을 수 없는 사실들이 드러나기 시작한다.

CHAPTER

배려, 남의 신발을 신어 보아요

구리 료헤이 저 | 청조사

김려령 저 | 창비

한상복 저 | 위즈덤하우스

맛있게 읽는 도서

| 관련 도서 |

배려

1. 우동 한 그릇
2. 완득이
3. 배려 / 경청

CHAPTER 6

어떻게 읽을까요?

1 배려를 실천할 때 정말 중요한 것은 무엇인지 생각하며 읽어요.

2 우리 주변에 배려가 필요한 사람들이 누구인지 생각하며 읽어요.

3 나는 주변 사람들을 잘 배려하고 있는지 돌아보며 읽어요.

어떤 내용일까요?

1단계 : 우동 한 그릇

두 아들을 데리고 우동 가게에 들어간 엄마가 우동을 한 그릇밖에 시키지 못하자 우동 가게 주인은 이들이 불편하지 않게 따뜻한 우동을 먹을 수 있게 배려하는 이야기가 담겨 있습니다. 다른 사람의 입장을 헤아리고 배려하는 행동이 세상을 얼마나 따뜻하게 만드는지 생각해 보게 하는 책입니다.

2단계 : 완득이

완득이 주변에는 장애인, 외국인 노동자 등 우리 사회에서 차별 받는 인물들이 많습니다. 이러한 인물들의 삶의 모습과 동주 선생님이 다른 인물들을 배려하는 모습을 통해 배려가 우리 사회를 얼마나 따뜻하게 만드는지 생각해 보게 하는 책입니다.

3단계 : 배려

사회에서 능력을 인정받고 승진하는 것이 삶의 중요한 가치라고 생각하던 인물인 '위'가 인도자를 만나 변화해 가는 모습을 담고 있는 책입니다. '위'는 자신이 성공을 위해 노력하는 동안 가족과 동료 등 주변의 사람들을 챙기지 못했던 사실을 깨닫게 됩니다. 프로젝트 1팀의 팀원들과 서로 배려하며 힘을 합쳐 성취해 나가는 모습을 통해 남의 입장을 헤아리는 것이 얼마나 중요한지 생각해 보게 하는 책입니다.

배려에 대해 생각해보기

'배려'라는 말을 사전에서 찾아보면 '도와주거나 보살펴 주려고 마음을 씀'이라고 되어 있다. 넓은 의미에서의 배려는 인간뿐만 아니라 사물 및 환경과의 상호작용을 일컬으며 좁은 의미로는 스스로 돌볼 수 없는 사람들을 보살펴 주는 실질적 행동을 말한다. 타인에 대한 공감, 감정이입, 연민, 관용의 마음 등을 통해 남의 신발 신어보는 것처럼 타인의 상황을 이해하고 헤아리며 주변 사람들에게 관심과 애정을 갖고 서로 공감대를 형성하는 것이 중요하다.

이솝 우화의 여우와 두루미 이야기를 보자. 여우가 자신의 생일날 두루미를 초대하여 맛있는 음식을 넓은 접시에 대접하였다. 여우는 혓바닥을 이용하여 음식을 맛있게 먹을 수 있었지만 두루미는 뾰족한 부리를 가진 탓에 음식을 하나도 먹을 수 없었고 여우는 두루미가 남긴 음식을 약올리는 듯 모두 먹어버렸다. 며칠 뒤 두루미가 여우를 자신의 집에 초대했다. 두루미는 맛있는 음식을 목이 긴 병에 담아 차려 놓고 자신은 부리를 병 속에 넣어 음식을 맛있게 먹는다. 음식을 먹지 못한 여우가 두루미에게 화를 내니 두루미는 전에 자신을 초대했을 때 왜 그랬는지 도리어 묻는다. 그제서야 여우는 얼굴이 빨개지며 자신의 행동을 반성한다.

여우의 배려 없는 행동으로 인해 두루미가 기분이 상했고 여우는 그것을 깨닫지 못하다가 자신이 경험하고 나서야 상대방을 배려하는 것이 얼마나 중요한지 알게 된다. 자신의 입장보다는 남의 입장이 되어 생각해 보고 상대방의 입장을 헤아려 행동하는 것이 매우 중요함을 알 수 있다.

나무는 종류에 따라 잘 자랄 수 있는 조건이 다르다. 또한 물을 너무 자주 주면 뿌리가 썩어 죽기 십상이다. 타인에 대한 배려도 마찬가지다. 깊이 생각하지 않고 자신의 입장에서 생각하고 성급하게 행동하면 배려의 행동이 오히려 타인에게 피해가 되기도 한다. 배려하기 전에 상대방의 마음을 잘 살펴보아야 한다. 상대방이 가장 기뻐하고 행복해하는 방법으로 배려를 해야 한다.

우리의 생활 속에서 배려는 사람과 사람 사이를 이어주는 보이지 않는 끈이다. 인성도서를 통해 남의 입장을 헤아리고 남의 입장을 고려하여 행동하는 힘을 키워보자.

'우동 한 그릇'을 읽고 세 모자의 처지에 공감해 보고 우동집 주인 부부가 세 모자를 배려하는 행동과 그 행동으로 인해 세 모자는 어떤 힘을 얻을 수 있었는지 살펴보자. 배려는 거창한 행동으로 이루어지는 것은 아니다. 우동 집 주인 부부의 세 모자에 대한 공감, 연민, 관용의 마음을 느껴보고 배려가 특별한 행동이라기보다는 생활 속에서 상대방의 입장을 헤아려 행동하는 것임을 생각해 보자.

　'완득이'는 장애인, 다문화 가정, 외국인 노동자 등 우리 사회에서 소외되고 차별 받는 인물들이 다수 등장한다. 동주 선생님은 이러한 처지의 인물들의 처지를 헤아리고 그들의 입장을 배려한다. 동주 선생님의 다른 인물들에 대한 배려의 모습을 살펴보고 우리 사회에서 배려가 더 필요한 사람들에 대해 다시 한 번 생각해 보자. 또한 '배려'를 읽고 배려를 통해 위기를 극복해 나가는 주인공의 모습을 통해 배려의 참된 의미를 다시 한 번 되새겨 보자.

'우동 한 그릇' 들여다보기

 STEP 1 　'우동 한 그릇'의 줄거리

　일본 삿뽀로에서는 섣달 그믐(12월 31일)날에 우동을 먹은 후 제야의 종소리를 들으며 첫 참배를 가는 풍습이 있다. 섣달 그믐날 10시 우동집 '북해정'이 영업을 끝내고 막 문을 닫을 때 쯤 허름한 옷차림의 한 여인과 두 남자아이가 들어와 머뭇거리며 우동 한 그릇을 주문한다. 짜증을 낼 만한데도 북해정 주인 부부는 밝은 목소리로 주문을 받고 몰래 면 반 덩이를 더 얹어 주었다. 다음 해 섣달 그믐날도 이 세 모자는 밤 10시쯤 방문해 우동 한 그릇을 먹고 역시 우동집 주인 부부는 밝게 응대한다.

　3년째 되는 해 우동집 부부는 메뉴판 가격도 일부러 낮추어 놓고 예약석을 마련해 놓은 후 세 모자를 기다린다. 그 이듬해부터 세 모자는 섣달 그믐날이 되어도 우동집에 나타나지 않는다. 오랜 시간이 지난 섣달 그믐날 우동집에 다시 나타난 세 모자는 자신들의 사연을 털어놓는다. 아버지가 남긴 빚을 갚기 위해 어려운 생활을 하고 있었지만 서로 열심히 노력하여 이제 그 빚을 다 갚게 되었다는 것이다. 자신들은 우동 한 그릇에 용기를 얻어 열심히 살아갈 수 있었노라고 말한다. 두 형제 중 형은 의사가, 동생은 은행원이 되어 어머니를 모시고 우동집을 다시 찾아 우동 3인분을 주문한다.

가. 나의 삶과 관계 맺기

1-1) 우동 한 그릇을 잘 읽어 보았나요? 작품 속에서 새해를 맞이하기 위해 특별한 음식을 먹는 것처럼 우리나라에서는 지난해를 보내거나 새해를 맞이할 때 전통적으로 어떤 풍속을 지니고 있는지 이야기해 볼까요?

12월의 마지막 날 새벽녘에 닭이 울 때까지 잠을 자지 않고 새해를 맞이하는 '수세'의 풍습이 있다. 한자로 수세(守歲)라고 하여 말 그대로 새해를 지키는 것이다. 지나간 시간을 반성하고 새해를 설계하는 시간을 갖는다. 이날 잠을 자면 눈썹이 하얗게 세게 된다는 재미있는 말이 있다. 이 외에도 '묵은 세배'라고 섣달 그믐날 하는 세배가 있다. 이는 한해를 무사히 보냈음을 알리는 인사로 저녁 식사 후 일가 어른들에게 세배를 했다고 한다.

1-2) 삿뽀로 지역에서 섣달 그믐날 우동을 먹었죠? 원작에서는 원래 소바라고 되어 있는데 우리에게 익숙한 우동으로 바뀌어 번역되었다고 해요. 우선 국수의 한 종류인데요 그 음식을 먹는 것에는 어떤 의미가 있을지 상상해 볼까요?

국수는 가늘고 긴 음식이다. 섣달그믐날 먹는 소바는 무병장수하라는 의미가 담겨 있는 음식이다. 그리고 또한 메밀로 만들어진 국수인 소바는 끈기가 없어 잘 끊어지는데 그러한 특성으로 나쁜 질병이나 안 좋은 일들과 인연을 끊으라는 의미가 담겨 있다.

2-1) 새해가 오기 전날 밤 가족끼리 모여 제야의 종소리를 들어본 적이 있나요?

가족들과 한해의 마지막 날 제야의 종소리를 들었던 경험을 이야기해 본다.

2-2) 종소리를 들으며 어떤 생각을 했나요? 가족들과 작년 마지막 날 특별한 이야기를 하였다면 기억해 볼까요?

한 해를 마무리하면서 했던 지난해에 있었던 일들에 대한 반성과 새해의 목표를 세웠던 추억에 대해 이야기해 본다.

1-1) 자, 이제 책 속으로 들어가 봅시다. 작품 속에서 엄마와 두 명의 아들이 늦은 시간에 우동집에 들어와서 우동을 한 그릇만 주문하는 모습을 보여요. 세 모자가 우동 집에 와서 한 그릇만을 주문한 이유는 무엇이었나요?

너무 가난했던 엄마는 3인분의 우동을 시킬 여유가 없었다. 한 해의 마지막 날 다른 사람들이 한 해를 마무리하는 것처럼 우동을 먹고자 했지만 여유가 없어 한 그릇밖에 시키지 못한다.

1-2) 우동을 1인분만 주문하는 엄마의 마음은 어땠을지 세 모자의 상황에 비추어 상상해 볼까요?

돈이 없어 아들들에게 우동을 하나씩 시켜주지 못하는 엄마의 마음이 너무 아팠을 것이다. 우동집 주인에게 눈치도 보였을 것이고 아들들의 맘이 상할까봐 마음이 편치 않았을 것이다.

2-1) 우동집 주인은 섣달 그믐날 마감 시간이 되어 장사를 접으려는 상황이었어요. 마감시간이 지난 뒤 허름한 옷차림의 손님이 들어왔어요. 그때 우동 집 주인 부부는 어떻게 했나요?

한 해의 마지막 날 북해정은 가장 바쁜 날이다. 눈 코 뜰 새 없이 바빴던 하루로 피곤했기에 하루 일과를 얼른 정리하고 마감하고 싶었을 것이다. 장사를 마감하려는 주인 부부에게 갑자기 들어온 손님은 그리 반갑지 않았을 수도 있다. 하지만 너무 조심스럽게 들어오는 세 모자에게 가게가 끝났다고 이야기하지는 않는다.

2-2) 여러분이 주인 부부라면 이 손님들에게 어떻게 했을까요? 왜 그렇게 행동했을 거라고 생각하나요?

– 해맑은 아이들과 조심스러워하는 엄마의 모습을 보았다면 그들의 사정을 눈치 챌 수 있을 것이다. 그래서 주인 부부가 그랬던 것처럼 손님을 맞이했을 것이다.

– 하루 일과가 너무 피곤했기 때문에 세 모자에게 가게의 영업이 끝났다고 이야기 했을 것이다. 그리고 가게를 정리한 뒤 집에 들어가서 가족들과 새해의 목표를 세우는 시간을 가졌을 것이다.

3-1) 세 모자는 주저하다 우동 한 그릇을 주문하지요. 그때 주인 여자가 3인분을 주려고 하지요. 그때
     남편은 뭐라고 말하며 만류하나요?

     남편은 그렇게 하면 그 가족이 부담스러워서 다시 찾지 않을 것이라며 티가 많이 나지 않도록
     우동 하나 반을 넣어 요리를 한다.

3-2) 한 그릇을 주문한 세 모자가 3인분을 받게 된다면 느낌이 어땠을까?

     생각지도 못한 배려에 감동을 받을 수도 있지만 부담스러운 마음이 많이 들 것 같다. 공짜로 먹
     는 것 같은 느낌이 들어 그 다음해에 우동집을 다시 찾기는 힘들었을 것이다.

4-1) 오랜만에 우동 집을 찾은 세 모자의 모습은 어떻게 달라져 있었나요?

     할머니 한 명과 건장한 두 청년의 모습으로 우동집에 다시 나타나게 된다. 큰 아들은 검사가,
     작은 아들은 은행원으로 성공한 모습이다.

4-2) 매년 우동집을 찾아오던 세 모자가 우동 집을 한동안 찾지 않은 이유는 뭔가요?

     세 모자는 어린 시절 아버지가 회사 부도로 돌아가시고 어마어마한 빚더미를 지게 되었고 어머니
     는 낮밤을 가리지 않고 일을 하고 두 형제도 신문을 돌리는 등 고생하며 살아갔다고 한다. 그렇게
     몇 년 동안 악착같이 돈을 모아 빚을 청산하게 되었고 다른 곳으로 이사를 가게 되면서 우동집을
     찾아오지 못했다는 사연을 들려준다.

다. 조화로운 삶을 위해서

1-1) 이제 책 밖으로 나와 내 주변과 사회를 보며 이야기 하도록 해요. 뉴스나 방송에서는 다른 사람들의 상황을 헤아리고 선의를 베푸는 사람의 선행을 소개하는 경우가 많아요. 가장 감동을 받았던 이야기가 있다면 이야기해 봅시다.

폐지를 주우며 어렵게 살아가는 할머니 할아버지께서 가난한 학생들을 위해 자신이 어렵게 번 돈을 장학금으로 나누어 주는 것과 같이 본인이 여유롭게 생활하지는 않지만 자신보다 도움이 더 필요한 사람들을 위해 살아가는 사람들의 이야기는 들을 때마다 감동이 있다.

1-2) 선의를 베푸는 사람이 되기 위해서 어떤 노력을 해야 할까요?

허용적으로 답하게 한다.

2-1) 다른 사람이 나를 배려한 행동이 부담스럽거나 거부감이 들었던 적이 있나요?

친구가 나의 입장만을 우선시 해주며 나에게만 맞추어 준다든지 일방적으로 도움을 준다든지 하는 상황이 되면 상대방의 배려가 오히려 부담이 될 수 있다. 또한 나도 언젠간 갚아야한다는 의무감도 생길 수 있다.

2-2) 무엇 때문에 그러한 생각이 들었을까요? 배려에서 상대방이 무엇을 원하는지 파악하는 것이 중요한 이유는 무엇인지 함께 생각해 봅시다.

내가 편하거나 이익을 취할 수 있을지 모르겠지만 상대방의 행동은 내가 진정으로 원하는 것은 아닐 수 있기에 불편한 감정을 갖게 되었을 것이다.

3) 지금까지 잘 이야기 했어요, 다른 사람을 배려하는 마음가짐도 중요하지만 상대방이 원하는 배려는 하는 것도 중요하다는 것을 함께 이야기했던 것을 바탕을 잘 되새겨 봅시다.

'우동 한 그릇' 관련 활동

 STEP 1 공익광고 생각 나누기

공익광고 '1분의 배려'를 찾아서 보고 그 속에 담긴 '배려'에 대해 생각해 봅시다.
(https://www.kobaco.co.kr 공익광고 자료실〉1분의 배려)

신문 대신 던져 주는 시간 6초

어르신과 함께 횡단보도 건너는 시간 23초

후배에게 커피 타주는 시간 27초

버스벨 대신 눌러주는 시간 4초

〈생각해 보기〉

광고를 통해 전달하고자 하는 메시지는 무엇일까요?

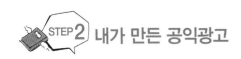

STEP 2 내가 만든 공익광고

우리 주변에서 배려가 필요한 순간은 또 무엇이 있을까요? 주변 사람들을 배려할 수 있는 일들을 찾아 내가 실천할 수 있는 배려를 위의 광고의 형식으로 표현해 봅시다. 배려의 순간을 사진으로 표현하고 그 사진에 적절한 광고 카피도 만들어 봅시다.

STEP 3 관련 매체

관련 영상 시청

지식채널e 〈감정, 노동자〉

자신의 진짜 감정은 억누르고 회사와 사회가 요구하는 정형화된 감정을 나타내야만 하는 감정노동자들의 이야기입니다. 이들의 고충을 들어보면서 말 한마디의 따뜻함이 가져오는 힘과 배려를 통한 더불어 사는 삶을 이야기해 봅시다.

가) 우리 주변에 감정노동에 시달리는 직업은 무엇이 있을까요?

나) 우리가 사회에서 만나는 감정노동자를 위해 할 수 있는 배려는 무엇이 있을까요?

'완득이' 들여다보기

STEP 1 '완득이'의 줄거리

완득이는 난쟁이인 아버지와 겉보기에는 멀쩡하지만 입만 열면 깨는 민구 삼촌과 함께 옥탑방에서 생활한다. 아버지와 민구 삼촌은 카바레에서 춤을 추는 것을 직업으로 하고 있다. 완득이 아버지는 베트남 사람인 어머니와 결혼하여 완득이를 낳았지만 어머니가 장애인인 자신으로 인해 다른 사람들에게 무시당하는 모습을 안타까워한다. 그래서 완득이 어머니를 보내준다. 완득이는 어머니의 존재를 모른 채 아버지와 민구 삼촌과 함께 살아간다.

완득이네 건너편 옥탑방에 담임 선생님이 이사를 오게 된다. '똥주'는 완득이가 담임을 부르는 애칭인데 처음에는 자신을 너무 괴롭힌다는 생각에 완득이는 일주일에 한 번씩 교회에 찾아가 담임 선생님인 똥주를 죽여달라고 기도를 한다. 동주 선생님은 입은 거칠지만 알고 보면 아이들을 진정으로 걱정하고 정이 많은 사람이다. 동주 선생님은 남몰래 불법체류노동자들을 돕는 일을 하다가 완득이의 엄마를 찾게 되어 완득이와 엄마를 만나게 해 준다.

완득이의 아버지는 완득이가 소설가가 되길 바라시지만 글쓰기에 관심도, 소질도 없는 완득이는 킥복싱을 배우게 되는데 아버지는 완득이가 킥복싱을 하는 것을 싫어한다. 하지만 동주 선생님의 설득으로 아버지도 완득이가 킥복싱을 하는 것을 인정해 주신다. 완득이는 킥복싱을 하며 꿈을 키워 가고 자신의 첫사랑인 전교 1등 모범생 정윤하랑 운동을 같이 다니고 교회도 같이 다니며 친하게 지낸다. 어려운 환경 속에서도 꿈과 희망을 잃지 않고 꿋꿋하게 성장해 가는 완득이와 그 주변의 사람들의 삶의 모습을 통해 이들을 배려하며 함께 행복하게 살아갈 수 있는 방법을 고민해 보자.

STEP 2 이야기하며 토론해 보기

가. 나의 삶과 관계 맺기

1) '완득이'를 잘 읽어 보았나요? 책의 내용 중에서 어떤 내용이 가장 인상 깊었나요? 지금부터 '완득이'에 관한 이야기를 나누어 보겠습니다.

2-1) 우리 주변에는 나의 모습과 다른 모습을 지니고 있는 사람들이 있어요. 다른 나라에서 우리나라에 일을 하기 위해 온 외국인 노동자를 만나 본 적이 있나요? 그들은 어떤 이유로 우리나라에 오게 되었을까요?

자국에서는 임금이 낮아 열심히 일해도 생활이 나아지지 않아서 우리나라에서 일을 해서 돈을 벌어 가족들에게 보내주면 물가가 낮아 풍족하게 지낼 수 있기 때문에 외국인 노동자로 오는 경우가 많다고 한다.

2-2) 그들은 우리나라에서 어떤 종류의 일을 할까요? 만약 우리 주변의 외국인 노동자들이 모두 사라진다면 무슨 일이 일어날까요?

외국인 노동자들이 많이 하는 일들은 우리나라 사람들이 기피하는 3D 업종 중 제조업이 많다. 너무 피곤하거나 위험한 일들을 우리나라 사람들이 하지 않으려 하기 때문에 그러한 일들을 외국인 노동자들이 담당하고 있다.

1) 이제 책 속으로 들어가 볼까요? 완득이의 아버지는 완득이가 커서 무엇이 되길 바라셨나요? 왜 그런 생각을 하셨을까요?

완득이의 아버지는 완득이가 소설가가 되기를 바라신다. 완득이 아버지는 어린 시절 동요를 섞어 부르던 완득이에 대해 유치원 선생님께서 기발하다고 칭찬을 했던 기억을 지니고 계신다. 또한 동주 선생님이 완득이의 독후감을 칭찬하자 아버지는 어릴 적 기억을 상기하여 완득이가 문예창작과에 진학하여 소설가가 되기를 바라신다. 아버지는 아들보다 작은 키로 장애인 소리를 듣는 자신보다 완득이가 성공하고 잘 살기를 바라신다.

2) '완득이'는 난쟁이 아버지와 말더듬이 삼촌과 함께 생활하고 있어요. '완득이'가 어린 시절에 엄마는 집을 나갔고 '완득이'는 엄마에 대한 기억이 딱히 없었죠. 완득이 아버지는 집을 나가는 완득이 엄마를 붙잡지 않고 보내주었나요?

완득이의 어머니는 필리핀 여성으로 아버지와 서로 의지하며 사이가 좋게 지내셨다. 하지만 완득이 아버지는 자신이 장애인에 카바레에서 춤을 추는 사람이라는 이유로 자신의 아내를 주변 사람들이 가볍게 여기는 것이 마음이 아팠을 것이다. 자신과 함께 있으면 평생 그러한 취급을 받게 될 것이라고 생각하여 완득이 아버지는 완득이의 엄마를 떠나 보내게 된다.

3) 동주 선생님은 수업 중에 경찰들에게 끌려가 유치장에 가게 되지요. 무슨 일 때문이었나요?

동주 선생님은 공장을 크게 운영하시는 부친을 둔 부잣집 아들이다. 하지만 그 공장에서 부당한 대우를 받으며 사는 외국인 노동자를 보며 아픔을 느끼고 그들을 숨겨 주고 한국 생활에 잘 정착할 수 있도록 도와주면서 자신의 아버지를 고소한다. 그 후 아버지로부터 고소를 당해 유치장에 가게 된다.

다. 조화로운 삶을 위해서

1) 자, 이제 책 밖으로 나와 사회에 대한 이야기를 한 번 해 보겠습니다. '단일민족'이라는 말을 들어 본 적이 있나요? '단일민족'이라는 말에 담긴 긍정성과 부정성에 대해 이야기해 보세요.

> 사전을 찾아보면 단일민족국가란 하나의 순수 단일 민족으로 이루어지거나 단일 민족 속에 소수의 다른 민족이 존재하기는 하지만 그 수가 적어 국가의 구성에 거의 영향을 미치지 않는 국가라고 정의하고 있으며 우리나라를 단일민족으로 규정한다. 단일 민족이라는 말 속에 담긴 민족에 대한 자부심과 긍지는 우리나라 사람들을 하나로 묶는 큰 힘이 되기도 한다. 우리나라는 그 결속력을 바탕으로 크게 성장할 수 있었다.
>
> 하지만 단일민족이라는 의식이 오히려 국민들을 서로 어울리지 못하게 만들기도 한다. 대한민국에 살고 있는 혼혈인들이 대부분 차별을 경험하는 것처럼 다른 민족과 인종의 피가 섞였다는 이유로 차별을 받는 것이다. 단일민족이라는 말 속에는 우리와 다른 사람들을 배타적으로 바라보는 의식이 담겨 있는 것이다.

2) 우리 사회에서 사회적 약자라고 생각 되는 사람들은 누가 있나요? 사회적 약자를 배려해야 하는 이유는 무엇이라고 생각하나요?

> '사회적 약자'는 신체적 문화적 특징으로 인해 사회의 주류 집단 구성원에게 차별을 받으며 스스로 차별받는 사람들이라고 정의할 수 있다. 예를 들어 장애인이나 노인, 장애인 등을 사회적 약자라고 볼 수 있다.
>
> 오늘날의 사회적 약자 집단은 아직도 충분히 권리를 확보하지 못하여 여전히 불평등한 삶을 살아간다. 더구나 세계화 시대로 더 넓어진 삶의 공간에서 사회적 약자는 더 다양한 모습으로 나타나고 더 힘든 삶을 살아가게 된다. 돌이켜 보면 인류의 역사는 이러한 소수 집단들이 자신의 인권을 확장하고 스스로 권리를 확보해 온 끝임없는 변화의 과정이다. 그러면서 사회적 주류 집단이 되었다. 따라서 지금 우리가 확보하고 있는 위치의 상당 부분은 이전의 사회적 약자였던 사람들의 고통과 그들이 그 고통에 항거하면서 투쟁해 온 역사의 산물이다. 과거, 현재, 미래의 어느 시점에서 우리도 어떤 형태로든 사회적 약자일 수 있다.

STEP 1 유니버셜 디자인에 대해 알기

유니버셜 디자인(사회적 약자를 위한 디자인)

패트리샤 무어의 노인 체험

 '유니버셜 디자인' 누구나 모두 사용할 수 있는 디자인 그것을 탄생시킨 사람은 바로 패트리샤 무어라는 아주 어린 디자이너였다. 패트리샤 무어는 코카콜라 병을 만든 디자인 회사 레이먼드 로위에서 일하고 있었다. 신제품 냉장고에 대한 회의를 진행하던 중 패트리샤 무어는 "관절염을 앓거나 손의 힘이 약한 노인들도 쉽게 열 수 있는 냉장고 손잡이를 만들면 어떨까요?"라는 질문을 했지만 디자인 회사 선배는 "우리는 그런 사람들을 위해 디자인하지 않아."라는 냉소적인 대답만 듣게 된다. 패트리샤 무어는 고민 끝에 '그런 사람들'이 되어 보기로 결심하고 실제로 몸이 불편하도록 만들어 직접 노인이 되어 본다. 그렇게 시작된 그녀의 3년간의 변신실험을 통해 '사람은 누구나 젊은 시절에 즐기던 일상을 나이 들어서도 즐기고 싶어 한다'는 것을 깨닫게 된다. 그래서 이것을 가능하게 하는 것이 디자인의 핵심이라고 생각한다. 이후 패트리샤 무어가 디자인에 참여한 주방용품 기업 '옥소'의 제품들에도 그녀의 유니버셜 디자인이 반영되어 나타난다. '옥소'는 누구나 쉽게 사용할 수 있는 주방용품들을 디자인하고 특히 그립감이 좋게 제품을 만들어 내는 회사이다. 제품을 아름답게 디자인하거나 좋은 기술을 써서 디자인하는 것도 중요하지만 모두가 그것을 쉽게 사용하는 것도 중요하다. 패트리샤 무어는 유니버셜 디자인의 시작은 공감이며 다른 사람들을 진심으로 이해하는 마음에서 시작된다고 말한다.

〈유니버셜 디자인의 예〉

각각의 물건들이 어떤 점을 배려한 것인지 생각해 봅시다.

 **STEP 2 유니버셜 디자인 해보기**

실생활에서 사회적 약자를 위한 발명품을 만들어 봅시다.

내가 생각한 유니버셜 디자인

발명 이유:

관련 영화 시청

웹 드라마 오늘부터 하모니
(http://tvcast.naver.com/ourharmony)

웹 드라마 '오늘부터 하모니' 줄거리

　　장조 고교의 3인조 보컬 동아리는 대회 참가를 신청하지만 4인조 이상 그룹이라는 조항을 뒤늦게 발견하고 홍일점인 아린이는 1명의 보컬 동아리 멤버를 찾게 된다. 아린이는 우연히 같은반 하리의 노래를 듣고 하리를 보컬 동아리에 들어올 것을 권유하지만 창렬은 하리가 다문화라는 이유를 반대한다. 끼있는 10대를 발굴한다는 방송국 PD는 장조고등학교의 보컬 동아리인 '장조림'을 취재한다. 시청률을 위해 다문화 하리에 대해 극적인 소재와 악마의 편집으로 방송을 만들려고 한다. 그러던 중 인터뷰를 하는데 아린이의 엄마가 우즈베키스탄 출신이라는 비밀을 알게된 PD는 이슈를 만들기 위해 아린이의 비밀을 폭로한다. 아린이는 편견이 두려워 다문화 가정이라는 이야기를 친구들에게 하지 못하고 있었는데 PD에 의해 폭로되어 큰 상처를 받게 된다. 아린이의 비밀이 전교에 퍼지게되고 아린은 학교에 나오지 않는다. 이 여세를 몰아 PD는 '그동안 아린이가 친구들을 속인 게 아니냐'고 몰아가는 식으로 방송을 촬영한다. 하리의 설득으로 아린이는 힘을 내서 학교로 돌아오고 친구들은 따뜻하게 아린이는 받아준다. 서로 이해하며 예전의 모습을 다시 찾아간다.

★ 위의 영상을 보고 다문화 가정에 대한 우리 사회의 편견에 대해 다시 생각해 보고 서로 다른 아이들이 서로를 이해하고 배려해 나가는 모습을 배워 봅시다.

'배려' 들여다보기

STEP 1 '배려'의 줄거리

이 책의 내용은 '위'라는 한 사회를 살아가는 사회인의 생활과 생각의 변화를 담은 책이다. '위'라는 사람은 회사에서 인정받고 또 능력 있는 한 회사원이다. 위의 회사 생활은 칭찬과 박수의 연속이었다. 입사 면접시험을 보았을 때부터 임원들은 그의 명석하고 조리 있는 답변에 수석합격이라는 결과를 내어 주었다. 그리고 그 결과 기획실에 배치되었고 위는 모든 일을 대충대충 하는 법이 없었다. 그는 각 부서에서 올라온 기획안들을 면밀하게 검토했고 논리적 허점을 잡아내어 회사가 입을 지도 모를 손실 기회조차 막았다. 이런 위의 능력은 고속승진이 입증해주었다. 그러나 위는 회사에서 인정받고 능력 있는 사람이었지만 한편으로는 냉혈동물 같은 사람이었다. 회의나 프로모션같은 자리에서 다른 사람이 제안한 것에 대해 허점을 찾아내고 비평하면서 자신의 논리에 맞도록 발언했다. 그리고 프로젝트 1팀의 효율성이 없음에 대한 보고서를 만들어 제출했다.

또한 '위'의 모든 신경은 회사에 집중되어 있었기 때문에 가족에게도 무관심 하며 아내에 대한 조금의 배려도 하려고 하지 않았다. 아내가 더러워진 걸레를 빨아달라고 하면 막상 빨아다 준적도 없으면서 짜증과 온갖 화만 내는 사람이었다. '위'의 아내는 두 달 전 아내는 가방을 싸서 딸과 함께 나갔다.

그런 그가 차장으로 승진하게 됐고 그는 자신의 능력을 인정받은 것 같아 우쭐해 하지만 그가 배정받은 부서는 자신이 효율성이 없다고 보고서를 작성한 프로젝트 1팀이었다. '철혈이마, 철혈'은 그에게 트로이의 목마가 되어서 프로젝트 1팀이 목표 달성할 수 없도록 스파이 역할을 해 달라고 한다. 방황하는 위에게 나타난 '인도자'와의 대화를 통해 '위'는 자신의 모습을 뒤돌아보게 되고, 마음이 편안해짐을 느낀다.

힘이 들 때마다 '인도자'에게 충고를 받고 1팀 책임자인 '공자왈'에게도 충고와 위로를 느끼며 1팀 사람들에게 정을 느끼게 된다. 그러면서 서서히 '남의 관점, 입장'에서 다시 보게 되면서 '철혈'의 계획을 따르지 않고 1팀을 위해 노력한다. '위'는 '배려'라는 깨달음을 얻게 되고, 서서히 자신도 변화하게 되는데 위는 자신이 배운 '배려'를 통해 6개월 내 120억 계약이라는 프로젝트 1팀의 위기도, 가정에 불어 닥친 이혼이란 위기도 잘 해결하면서 이야기는 마무리 된다.

개인주의, 이기주의, 성공주의가 팽배해지면서 '자신'이 먼저가 되어버린 요즘 남의 입장을 헤아리고 남의 관점에서 생각해 보는 배려라는 가치가 더욱 중요해진 것 같다. '위'라는 인물이 배운 배려를 통해 위기를 극복하는 모습을 보고 배려의 마음을 이론적으로만 알고 있지 말고 남을 배려하는 행동을 실천해 보자.

 STEP2 이야기식 토론하기

 가. 나의 삶과 관계 맺기

1) '배려'를 잘 읽어 보았나요? 책의 내용 중에서 어떤 내용이 가장 인상 깊었나요? 지금부터 '배려'에 관한 이야기를 나누어 봅시다.

2-1) 세상을 살다보면 좋은 일도 있지만 나쁜 일들도 일어나지요. 어떤 일의 결과가 좋지 않을 때 남의 탓을 해 본 경험이 있나요?

좋은 일은 자신의 탓으로 안 좋은 일은 남의 탓으로 돌리기가 쉽다.

2-2) 그런 생각을 한 이유는 무엇이었나요?

일상에서 삐걱거리는 일이 생기거나 자신에게 좋지 않은 결과가 오게 되면 자신을 돌이켜 반성하지 않고 주변의 사람들을 탓하기도 한다. 특히 엄마와 같이 아주 가까운 사람들의 탓을 하며 문제를 회피하는 경우가 많은데 자신의 지난 삶을 돌이켜 반성해 볼 필요가 있다.

1-1) 이제 책 속으로 들어가 볼까요? '위'가 '인도자'를 처음 만났을 때 '위'는 어떤 상황이었나요?

위는 회사에서 능력을 인정받아 고속승진을 이어가고 있었다. 하지만 위의 모든 신경이 회사에 집중되어 있었기 때문에 가족에게 무관심하고 아내에 대한 배려를 조금도 하지 않아 며칠 전 아내가 가방을 싸서 집을 나간 상황이었다. 회사에서 인사발령이 나고 위는 자신이 해체를 위해 보고서를 작성했던 프로젝트 1팀으로 발령을 받는다.

1-2) '인도자'는 '위'에게 옥상 아래 도로의 상황을 지켜보라고 이야기해요. 그 때 도로의 상황은 어땠나요? '인도자'는 도로의 모습을 통해 '위'에게 어떤 깨달음을 주고 싶었을까요?

도로는 서로 앞서가려는 자동차들 때문에 뒤죽박죽 엉켜 있었다. 인도자는 서로 앞서가려는 운전자들의 모습을 통해 양보하지 않고 서로 배려하지 않는 것의 문제를 위가 스스로 깨달을 수 있기를 바란다.

2-1) '직업 조문객'은 왜 그런 이름이 붙었을까요? '직업 조문객'이 거래처 사람들이 상을 당하면 자신의 일처럼 나서서 도와주는 이유는 무엇이었나요?

직업조문객은 어린 시절부터 아버지를 따라 상갓집에 자주 다녔다. 사람들이 슬퍼하는 상갓집에 가는 것을 좋아하지 않던 직업조문객에게 아버지는 세상은 주고받는 것이라고 말씀하시곤 하였다. 직업조문객이 고등학교 1학년일 때 갑작스럽게 아버지가 돌아가시게 되었고 막막해하던 직업조문객에게 많은 사람들이 조문을 와서 세상은 혼자 사는 것이 아니라는 것을 보여 주었다. 그 이후 그는 거래처 및 자신이 아는 사람들이 상을 당하면 조문가는 것은 물론 상갓집에서 두 팔을 걷어붙이고 돕게 되었다고 한다.

2-2) 이러한 '직업조문객'의 행동에 대해 '위'는 어떻게 생각하나요?

위는 직업조문객의 진심을 보지 못하고 그의 행동을 계약을 위해 자존심까지 버리는 것이라고 생각하였다. 그래서 그를 바보 같은 사람이라고 생각하며 "너는 배알도 없느냐?"고 화를 내기도 한다.

3) '위'가 맡은 40억 계약이 달려 있는 '사스퍼거'라는 사람은 어떤 사람이었나요?

사스퍼거는 '사회적 아스퍼거'라는 말로 자신에게는 한 없이 관대하고 남들에게는 무자비한 사람이다. 위가 만난 사스퍼거는 계약을 무기로 삼아 뻔뻔하게 자신의 개인적인 일과 관련하여 청탁을 하거나 온갖 뇌물을 요구하기도 한다.

다. 조화로운 삶을 위하여

1-1) 이제 책 밖으로 나와 여러분의 삶과 관련하여 이야기해 봅시다. 이 세상을 살아오면서 자신의 베
푼 '배려'로 상대에게 감동을 주었거나 상대가 베푼 '배려'로 본인이 감동을 받는 사례가 있나요?

허용적으로 답하게 한다.

1-2) 우리가 속한 집단에서 개인의 성공적인 삶을 위해서는 '경쟁'과 '협력' 중에서 무엇이 우선되어야
한다고 생각하나요?

* 개인의 성공을 위해서는 경쟁이 더 중요하다.

– 개인의 성공을 위해서는 경쟁이 중요하다. 우리는 기본적으로 더 나아지고자, 최고가 되고 싶어
하는 성향을 지니고 있다. 그래서 적절한 경쟁은 목표를 달성하는데 더욱 매진하게 하는 힘이 있
어 성공을 할 수 있게 한다.

* 개인의 성공을 위해서는 협력이 더 중요하다.

– 개인의 성공을 위해서는 협력이 더 중요하다. 1+1은 2 이상이다. 협력을 통해 상대방을 돕는 일
과 스스로를 돕는 일이 동시에 일어날 수 있고 서로의 장점들이 모여 극대화되면 개인의 성공이
가능해질 수 있다.

'배려' 관련 활동

자기 자신을 돌아보고 자기 주변의 사람들과의 관계도를 그려봅시다. 그리고 자신의 주변 사람들을 위해서 자신이 실천할 수 있는 배려가 무엇인지 고민해 봅시다.

> 나

일기장을 마련하여 매일 한 가지 이상 다른 사람의 입장에서 생각해 보고 그 사람을 배려한 행동을 실천하고 그것을 매일 매일 기록해 나갑시다. 아주 작은 일이라도 매일 배려하는 행동을 실천해 봅시다.

월 일 요일	월 일 요일

월 일 요일	월 일 요일

월 일 요일	월 일 요일

① 제목 : 경청, 조신영, 박현찬/ 위즈덤 하우스/ 2007

② 내용 : 현대 사회는 깨닫기 전의 '위'처럼 '듣는 사람'보다 '말하는 사람'이 훨씬 많다. 차분히 상대에게 귀를 기울여 듣는 것이 남을 위한 배려의 첫걸음임을 배워보자.

③ 이구동성 게임

상대방의 목소리에 귀기울여 보는 활동으로 5~6명씩 팀을 짜서 4명의 대표가 사자성어를 한글자씩 맡아 큰소리로 외친 후 이를 맞추는 게임이다.

각 팀의 대표자를 4명씩 정해 나란히 선다.

4명씩 마주보는 1~2명은 사자성어를 맞추어야 하고 사자성어가 적힌 스케치북을 자신이 안보이게 들고 있다.

사자성어를 진행자가 '하나 둘 셋' 하는 동시에 서있는 장소에 맞는 글자를 외친다.

제한 시간 내에 몇 개의 사자성어를 맞추는지가 관건이다.

CHAPTER

7 소통, 진솔하게 너와 나 만나기

손현주 저 | 문학동네

도리 힐레스타드 버틀러 저 | 미래엠앤비

사라 데센 저 | 바람의아이들

맛있게 읽는 도서

| 관련 도서 |

 소통
1. 불량가족 레시피
2. 트루먼스쿨 악플사건
3. 그냥, 들어봐

어떻게 읽을까요?

1 가족 간의 이해와 소통의 필요성을 생각하며 읽어요.
2 인터넷 세상에서 다른 사람들과 어떻게 소통할 수 있을지를 생각하며 읽어요.
3 어려운 상황에 처했을 때 소통을 통해 어떻게 극복할 수 있는지를 살펴보고, 자신의 상황과 비교하며 읽어요.

어떤 내용일까요?

1단계 : 불량가족 레시피

학교 수행평가로 자서전 쓰는 여울이가 자신의 가족을 돌아보며 뭉치면 죽고 흩어지면 사는 이상한 가족이라는 생각을 하게 됩니다. 콩가루 집안이 지겨운 여울은 원룸을 얻어 독립하는 가출을 꿈꾸게 되지요. 여러 사건으로 인해 어쩔 수 없는 출가를 이뤄 실제적인 가장이 된 여울은 그제야 대책 없는 가족 구성원이 하나 둘 집으로 돌아오기를 기다립니다. 이 책을 통해 가족 간의 이해와 소통에 대해 생각해 봅시다.

2단계 : 트루먼스쿨 악플사건

요즘 우리 사회에서는 악플로 대표되는 무분별한 인터넷 문화가 심각한 사회문제가 되고 있습니다. 트루먼 중학교에서도 어느 날 교내 인기 여학생 릴리를 모함하는 비방글이 인터넷에 올라오면서 사건이 시작됩니다. 정체모를 악플로 인해 릴리는 점점 친구들한테 왕따를 당하게 되고 이를 참지 못한 릴리의 가출까지 이어져 학교가 발칵 뒤집히게 되지요. 악플을 단 진짜 범인은 누구일까요? 범인을 추론해 가며 책을 읽어 봅시다.

3단계 : 그냥, 들어봐

언니들을 따라 어렸을 때부터 모델 일을 하는 '애너벨'이, 어느 여름 날 밤 자신에게 생긴 사건과 그것으로 인한 고통을 담고 있는 책입니다. 이 책에서는 외롭고 두렵고 슬픈 비밀을 고통스럽더라도 가족이나 친구 등에게 털어놓을 것을 권하고 있습니다. 세상은 혼자서 사는 것이 아니지요. 애너벨이 자신 주변 사람들과 소통하며 어떻게 고통에서 벗어나는지 지켜볼까요?

소통에 대해 생각해 보기

매년 5월 가정의 달이 되면 어린이날이나 어버이날을 맞아 각종 언론매체에서는 가장 받고 싶은 선물이라는 주제의 설문조사를 실시하곤 한다. 언제나 그 1위는 정성, 사랑 등의 정신적인 것이 아니라 장난감, 현금 등의 물질적인 것을 차지하는 모습을 늘 우리는 본다. 그런 설문조사의 결과를 볼 때마다 "그래, 돈이 최고지."하는 우스갯소리나 댓글을 보게 되는데, 잠시 생각을 바꾸어 봤다. 왜 부모님과 자녀가 이런 설문조사에 그런 답변을 했을까. 정말 그들은 정서적 교감 없이 물질적 만족만 채워지면 되는 것일까. 그런데 어른들의 우스갯소리에서 답을 찾았다. 어르신들은 어버이날에 대해 묻는 질문에 "자식들이 오면 좋지. 오면서 현금이나 선물을 가져 오면 아주 좋지." 일단 물질적 선물 아래에는 서로간의 정서적 교감, 소통을 하고자 하는 마음이 깔려 있었던 것이다. 소통이 언제나 이루어진다는 가정 아래 물질적 선물을 고른 사람들이 많아 결과는 물질적 선물을 바라는 것으로 나온 것은 아닐까. 그만큼 서로의 소통은 가장 기본적인 것이라 생각한 것은 아닐까. 그러던 중 의미있는 조사를 하나 발견하였다. 전국 초등학생에게 한 조사였던 것으로 기억나는데 "여러분은 사랑받고 있다고 생각하십니까"라는 질문에 "네"라고 답한 초등학생은 약 절반 정도였고, 지금보다 더 사랑받고 싶다는 대답이 80%를 넘는 결과를 보인 것이다. 이렇게 우리는 서로 소통하고 싶어 한다. 서로 사랑을 주고 사랑을 받고 싶은 욕구가 강한 것이다.

소통이 무엇일까. 소통은 사전적으로 막히지 아니하고 잘 통함, 혹은 서로 통하여 오해가 없음이라는 의미를 가진다. 현대 사회는 점점 복잡해지고 관계가 다양해지는 추세인데 그러한 시대는 사람들에게 소통과 리더십을 요구하기 마련이다. 굳이 이러한 시대적 요구를 따르지 않더라도 소통이 원활하게 이루어지지 않는 데서 많은 사회적 문제가 등장하고 있음은 모두 동의하는 내용이다. 소통에서 중요한 것은 말솜씨가 아니라 나와 타인, 즉 서로의 진심을 알아듣는 능력일 것이다.

소통은 우리 모두가 행복으로 가는 첫 걸음이라 할 수 있다. 그 시작은 자신 내면의 소리를 듣고 자신의 목소리를 찾는 데서 시작한다. 이는 자기 정체성과 직접적으로 연결되어 있는 문제이다. 자신의 내면과 생각을 제대로 이해하는 시작점이 자기를 사랑하는 자기애의 시작이며 이는 자존감을 가지고 당당하고 건강하게 타인과 세상과 소통할 수 있는 힘이 되기 때문이다. 이러한 이유로 소통은 매우 중요한 인성 덕목이라 할 수 있다.

니체는 "벗들 틈에는 적도 섞여 있다. 그러나 내가 말을 걸 수만 있다면 그 누구도 얼마나 사

랑하겠는가! 내가 그대들을, 양치기의 피리를 다시 불러들일 수만 있다면! 나의 암사자인 지혜가 다정하게 울부짖을 수만 있다면! 우리는 이미 많은 것을 함께 배웠다.”며 소통의 중요성을 강조하고 있다. 또한 데이비드 J. 리버만은 “가혹하고 부정적 뜻이 함축된 증상의 말들을 피하라. 언어란 사고의 토대이고 사고는 감정의 영역이다. 그러므로 올바른 말을 선택하면 상황에 따른 상대방의 반작용을 실질적으로 감소시킬 수 있다.”라고 하며 소통의 방법과 중요성을 강조하고 있다.

소통은 자연스럽게 이루어지지 않는다. 사람이라면 누구나 자연스럽게 누군가와 소통하기를 원하지만, 실질적으로 자연스럽게 물 흐르듯 타인과의 소통이 이루어지는 것은 꿈에 불과하다. 다른 사람과 소통하기 위해서는 또는 자기 자신과 소통하는 것까지도 많은 노력이 필요하다. 그렇기 때문에 아래에서 소개하는 인성도서를 읽고 독서활동하면서 누구보다 소통하는 관계를 바라는 청소년들이 소통의 중요성을 알고 소통하는 법을 배우길 바란다.

우선 '불량가족레시피'를 읽고 모든 소통의 기본이 되어 주는 가정에서의 가족과의 소통부터 생각해 보고, '트루먼스쿨 악플사건'을 통해 아이들이 본격으로 사회 생활을 시작하는 학교에서의 소통을 생각해 보며, '그냥, 들어봐'를 통해 현재 한참 문제시되고 있는 인터넷상의 소통 등을 생각하는 과정을 거쳐 결국 진정한 소통이 무엇인지 생각해보는 시간을 이 책을 통해 갖기를 소망한다.

STEP 1 불량가족 레시피 줄거리

'불량가족 레시피'는 위태위태하게 살아가는 한 가족의 해체를 통해 가족의 의미와 청소년의 정체성을 묻는 소설이다. 어느 날 도덕 수행평가로 자서전을 쓰게 된 주인공 여울이는 쓸 내용이 없으면 가족을 중심으로 이야기를 써 보라는 도덕 선생님 말씀에 자신의 가족들을 돌아보게 된다. 소통은 자신과 타인에게 관심을 갖는 데서 시작한다는 점에서 이 숙제는 여울이에게 매우 중요한 의미가 있는 것이다. 하지만 여울이는 이 숙제가 마음에 들지 않는다. 가족 이야기를 활자로 담아 다른 사람들이 볼 수 있도록 쓴다는 것은 자타가 공인하는 콩가루 집안을 광고하는 것과 다름없다고 느꼈기 때문이다.

여울이네 가족은 아버지와 할머니, 삼촌과 언니, 오빠 이렇게 여섯이다. 할머니는 일본에서 여학교를 나왔다는 자부심 하나로 언제나 밥주걱을 높이 들고 잔소리 폭격을 늘어놓는 사람이고, 아빠는 채권추심하청일을 하면서도 40평대에 달하는 집의 크기를 포기하지 못하는 여자를 밝히는 사람이다. 오빠는 다발성경화증이라는 병을 앓고 있어 늘 기저귀를 차야 하는 처지이고, 언니는 고3수험생으로 여울이만 보면 거침없이 욕을 쏟아내는 사람이다. 마지막으로 삼촌은 평생을 주식에만 매달리다가 결국은 뇌가 고장 나 뇌경색을 앓았던 사람이다. 이러한 가족의 모습을 자서전에 써 내려갔다가는 할머니의 잔소리에, 언니의 욕을 듣게 될 것이 불 보듯 뻔 하다고 여울이는 생각한다.

하지만 가족의 현재의 이러한 모습보다 더 큰 문제는 이들이 전혀 소통하고 있지 않다는 데 있다. 어머니와 각각 다른 여울이와 언니, 오빠는 서로를 없는 사람 취급하기 일쑤이고, 할머니는 세 명의 며느리가 두고 간 손자, 손녀를 돌보면서 자신의 인생이 다른 사람들에 의해 망가지게 됐다고 생각하고 그들을 원망하고 잔소리를 퍼붓는다. 아버지는 다른 가족들을 전혀 생각하지 않고 다른 여자를 만나거나 사업을 벌인다. 삼촌은 빚이 늘어나는 것을 막기 위해 위장이혼을 했지만 숙모가 모든 재산을 가지고 자식들과 미국으로 떠나버리는 바람에 홀로 버려졌다. 모두들 간절히 소통이 필요한 사람들이다. 여울이도 이러한 가족들의 모습이 매우 위태롭다고 생각한다. 하지만 그들의 속마음에 관심을 가지고 그들과 소통하려는 노력은 하지 않는다. 그리고 늘 지겨운 가족들에게서 떠날 수 있는 가출을 꿈꾼다. 그럼에도 가출을 실행에 옮기지 못하는 이유는 단지 준비가 되어 있지 않아서일 뿐, 가족과 함께 하고 싶어서가 아니다. 여울이에게 가족이란 얼른 떠나고 싶고 남들에게 알리지 못하는 존재 그 이상도 그 이하도 아닌 것이다. 그리고 가족들도 자신을 그렇게 여긴다고 생각한다.

그리고 실행에 옮기지 못하는 가출을 대신하여 현실 도피의 방법으로 여울이는 코스튬플레이를 한다. 그곳에서 여울이는 부잣집 딸로 거침없고 과감한 의상도 남들의 눈을 의식하지 않고 서슴지 않아 하는 류은이를 만나고, 좋아하는 세바스찬도, 새로 온 신입 회원인 어떤 아주머니도 만난다. 그곳에서도 여울이는 소통하고 있는 것으로 보이지 않는다. 류은이는 어쩐지 여울이가 사는 세계와 다른 세계의 사람처럼 보이고 자기가 좋아하는 세바스찬은 여울이가 아닌 류은이를 좋아해서 여울이에게 잘해 준다. 그리고 신입 아줌마는 여울이가 이해할 수 없는 이상한 이야기만 늘어놓는다.

그렇게 시간을 보내는 동안 언니가 고3인데도 불구하고 직원처럼 회사의 일을 시키는 아빠와 싸우고 가출을 하고 연이어 삼촌이, 오빠가 집을 나가는 일이 발생하게 된다. 그리고 아빠마저 생활고에 시달리다 불법을 저질러 구치소에 갇힌다. 남은 할머니는 늘 소망했던 양로원을 알아보지만 가족이 있다는 이유로 입소가 거절된다. 여울이는 이제야 가족들의 마음에 조금씩 관심이 가고 그들의 아픔이 조금씩 보이기 시작한다. 그러고 나니 그들이 안쓰러워지기 시작한다. 지금은 여울이의 가족에게 위기상황이다. 여울이는 이 위기를 잘 견디고 불량가족인 우리 가족이 한 단계 진화하기를 소망한다. 소통은 사회생활의 기본 덕목으로 작용한다. 그 중에서 가족과의 소통은 가장 기본적이라고 여겨지지만 실제로 매우 어렵고 어쩌면 완전 남이라고 생각할 수 있는 타인과의 소통보다도 더 어려울지 모른다. 이 책을 읽으면서 가족과의 소통을 꿈꾸는 사람이 될 수 있도록 생각을 넓혀 보기를 바란다.

 가. 나의 삶과 관계 맺기

여러 사람들이 모여 이런저런 이야기를 나누다가 인생에서 가장 후회되는 일을 하나씩 이야기하기로 했습니다.

"물론 헛되게 시간을 보낸 것이지요."

"가장 후회되는 일이라면 학창시절에 좀더 열심히 노력하지 않은 것입니다."

사람들은 자신의 인생에서 가장 후회되는 일들을 하나씩 말하기 시작했습니다. 그런데 유독 한 남자는 다른 사람들의 이야기를 듣고만 있었습니다. 이야기를 마친 사람들이 남자에게 인생에서 가장 후회되는 일을 물었습니다. 그는 한참을 망설이다 말을 꺼냈습니다.

"저는 가난한 어부의 아들로 태어났습니다. 아버지는 가족을 먹여 살리기 위해 항상 힘든 생활을 견디셔야 했었지요." 잠시 생각에 잠긴 남자는 이야기를 이어 나갔습니다.

"아버지는 거친 바다에서 일하셨지만 매우 자상하셔서 바람이 심하거나 기상이 악화되어 배를 띄우지 못하는 날이면 저를 학교에까지 태워다 주시곤 하셨습니다. 그런데 어린 마음에 저는 그러한 아버지의 모습이 무척이나 부끄러웠습니다. 그런데도 아버지는 제 마음을 모르시는지 고기를 실어 나르는 낡은 트럭을 학교 정문 앞에 세우시고는 내 머리를 쓰다듬고 볼에 입을 맞추셨습니다. 초등학교 4학년인 아들에게 굿바이 키스를 퍼 부으시던 아버지. 어느 날 아버지가 또 다시 저에게 굿바이 키스를 하려고 하셨을 때 저는 손으로 아버지의 얼굴을 밀어내며 '이제 그런 것은 저에게 더 이상 필요하지 않아요. 전 키스를 받을 만큼 어리지 않다구요.'라고 소리쳤습니다. 그 때의 아버지의 일그러진 얼굴이 지금도 생각나는 것 같습니다. 아버지는 먼 곳을 바라보시며 눈물 흘리시는 모습을 애써 저에게 감추시고는 '그래, 넌 이제 굿바이 키스가 필요하지 않을만큼 커 버렸구나.'라고 말씀하시더군요.

아버지는 그 말을 끝으로 바다에 일하러 가셨고 전 더 이상 아버지의 얼굴을 볼 수 없었습니다. 제 인생에서 가장 후회되는 일은 아버지의 마지막 굿바이 키스를 제가 받지 못했다는 것입니다."

1-1) 우리 가족이지만 창피한 마음이 들었던 경험이 있나요?

　　자유롭게 이야기하도록 한다.

1-2) 우리 가족이기에 자랑스러웠던 경험이 있나요?

　　자유롭게 이야기하도록 한다.

1-1) 할머니는 자신의 인생이 이렇게 된 데에 누구의 탓이라 원망하나요?

아들이 데려온 며느리, 그들이 남기고 간 자식, 그리고 본인의 아들, 애초에 이 가족이 시작되

도록 만든 할아버지 등 가족을 원망하고 있다.

1-2) 할머니의 일과가 고달프다고 생각하면서도 할머니를 이해하지 못하는 주인공의 심정에 대해 여러분은 어떻게 생각하는지 이야기해 봅시다.

–할머니의 일과가 고달프다고 생각은 들지만 그 모든 것들은 할머니의 선택에 의한 것이니 할

머니를 이해하지 못하는 주인공의 마음이 이해가 간다.

–할머니의 일과가 고달프다고 생각이 들었으면, 할머니의 표현이 거칠어도 할머니의 마음을

이해해주어야 한다고 생각한다.

2-1) 주인공은 이제 어떤 캐릭터로 코스튬플레이를 하려고 하나요?

주인공은 슈렉의 피오나 공주로 코스튬플레이를 하려고 한다.

2-2) 왜 그 캐릭터가 주인공의 마음에 와 닿았을지 여러분의 생각을 이야기해 보세요. 캐릭터와 주인공의 공통점이 무엇인지 이야기해 보세요.

동화 속 다른 공주들은 마법이 풀리면 예쁜 공주의 모습으로 돌아오지만 피오나 공주는 마법이

풀려도 그 모습 그대로이다. 그러한 모습이 지금 답답한 현실에서 벗어나도 그 모습 그대로일

것 같다고 생각하는 주인공의 현실인식과 닮아 있다.

3-1) 언니는 왜 가출을 했을까요?

아버지에 대한 불만으로 가출을 감행한다.

3-2) 가족에 대한 불만을 가출 등의 방법으로 표출하는 것에 대해 어떻게 생각하는지 여러분의 생각을 이야기해 보세요.

–가족에 대한 불만이 있을 수는 있지만 가족들을 걱정시키는 가출로 그것을 표현하는 것은 어

리석은 일이라 생각한다.

–가족에 대한 불만이 생긴다면 잠시 떨어져 있는 것이 좋을 수도 있으므로 거처할 곳만 마련된

다면 가출 등의 방법으로 자신의 감정을 표현할 수도 있다고 생각한다.

4-1) 코스튬플레이 모임의 신입회원인 아주머니가 여울이에게 읽어 보라고 한 책의 제목은 무엇일까요?

신입회원이라고 들어온 이상한 아주머니는 톨스토이의 '사람은 무엇으로 사는가'를 읽어보라
_고 한다._

4-2) 여울이는 이 책을 읽고 인간은 사랑 때문에 사는 것이 아니라 자기 자신의 힘으로 살아간다고 생
각합니다. 이 생각에 대한 여러분의 생각을 이야기해 보세요.

* 사람이 살아가는 데 사랑이 중요한 힘이 된다.

– '사람은 무엇으로 사는가'에 나오는 미카엘이 찾은 답처럼 사람이 살아가는 데 사랑은 고난을
극복할 수 있는 중요한 힘이 되므로 사람은 사랑 때문에 살아간다고 생각한다.

* 사람이 살아가는 데 사랑보다는 자신 내면의 힘이 필요하다.

– 사람이 살아갈 수 있는 바탕에는 다른 사람의 사랑이나 자신의 사랑이라는 감정 때문에가
아니라 자신 내면의 힘이 있어야 한다고 생각한다. 내면의 힘이 있는 사람이 사랑이라는 감
정을 가질 수 있기 때문이다.

5-1) 여울이는 할머니와 이야기를 나누면서 왜 자꾸 눈물이 흘렀을까요?

할머니와 이야기를 나누면서 비로소 할머니의 감정이 이해되었기 때문이다.

5-2) 지금 여울이가 여러분 곁에 있다면 어떤 말을 해 주고 싶은지 이야기해 보세요.

허용적 분위기에서 이야기하도록 한다.

다. 조화로운 삶을 위해서

00초등학교는 학부모와 학생 등 18가족 36명을 대상으로 '가족과 함께 하는 등반활동'을 실시했다. 이번 행사를 통해 평소에 함께하기 힘들었던 가족과의 소통으로 학교폭력을 예방하고 동시에 손잡고 걷는 가족의 등반활동을 통해 따뜻한 가족애를 다시 느낄 수 있는 기회가 됐다는 것이 00초 측의 설명이다. 이번 산행 중에 SNS를 활동해 가을 풍경을 담은 행복한 가족사진 콘테스트를 열어 가족 간의 정을 나누고 돈독한 유대감을 느끼는 시간을 가졌다. 이날 자녀와 함께 등반에 나선 학부모는 "오늘 등반을 통해서 평소에 하지 못했던 자녀와 대화의 기회가 주어져서 정말 유익한 시간이었다"며 "이런 활동이 잊고 살았던 가족의 소중함을 느끼게 했으며, 가족 간의 소통으로 친밀감을 높여주는 귀중한 시간이었다"고 소감을 전했다.

☆☆**일보**

* 많은 사람들이 사회의 근본은 가족이라고 말합니다. 그래서 위 기사문처럼 많은 방법들을 활용하여 가족 간의 진정한 소통을 위해 노력합니다. 여러분이 생각하는 가족 간의 진정한 소통을 위한 방법은 무엇이 있는지 이야기해 봅시다.

가족간의 소통이 줄었다고 이야기하지만 우선, 가족이므로 대화를 할 수 있는 시간을 기회를 많이 가져야 한다고 생각한다.

최근 노인 고독사가 사회적으로 큰 문제가 되고 있습니다. 사망한 지 일주일 만에 혹은 열흘 만에 주민들의 신고로 발견되는 사건들이 자주 뉴스에 보도되는 것으로 보면 노인 고독사는 어디선가 일어날 수 있는 일회성의 사건이 아니라 우리 사회의 심각한 문제로 대두되고 있다는 증거입니다. 보건복지부에 따르면 2015년 기준 독거노인은 현재 138만 명을 넘어서고 있다고 합니다. 이 가운데 사람들과의 관계가 끊어졌거나 우울증을 앓고 있는 고독사 위험군의 노인이 30만 명 정도 된다고 합니다. 홀로 쓸쓸히 죽음을 맞이하는 노인 수도 한 해 1000명을 넘어 선다고 밝혔는데, 고독사는 인간의 존엄성을 훼손하는 비극적인 사건입니다. 갈수록 1인 가구가 늘고 고령화 속도가 빨라지면서 고령화 1인 가구도 더욱 많아지고 있습니다. 그만큼 노인 고독사도 더욱 늘어날 것으로 보입니다. 노인 고독사의 근본적인 문제는 경제적인 부분에서 시작합니다. 통계청의 자료를 보면, 우리나라 65세 이상 고령자의 3명 중 1명은 연금을 받으며 생활하고 있지만 월 50만원 미만에 불과한 금액이기 때문에 생계를 이어가기에는 턱없이 부족한 금액입니다. 그렇기에 그들은 의료 문제를 제대로 해결할 수 없는 지경에 이르게 되는 것입니다.

* 위에서 이야기하고 있는 노인 고독사에 대해 생각해 봅시다. 가족 내에 소통이 없다면 노인 고독사는 계속 늘어날 수 밖에 없습니다. 이 사회문제를 해결하기 위한 방법으로 무엇이 있을지 여러분의 의견을 이야기해 보세요.

노인 고독사는 이제 더 이상 가족 내에서 해결할 수 있는 문제가 아니라고 생각한다. 가족간의 소통이 줄면서 생기는 문제이기는 하지만 가정에서 해결할 수 없다면 사회적 차원에서 제도가 마련되고 그 안에서 또 다른 가족이 만들어져야 한다고 생각한다.

'불량가족레시피' 관련 활동

STEP 1 가족이미지 떠올리기

가. 준비물 : 잡지, 활동지, 풀, 가위, 필기도구 등

나. 활동 내용

(1) 잡지에 나오는 인물들의 사진을 활용한다.

(2) 내가 생각하는 가족들의 이미지에 맞는 사진을 골라 오려내고 예쁘게 붙인 후 그 옆에 설명하는 글을 쓴다.

(3) 부정적인 면보다는 긍정적인 면을 많이 떠올릴 수 있도록 시간을 충분히 준다.

STEP 2 정기적으로 가족회의하기

가. 준비물: 가족회의록, 필기도구 등

나. 활동 내용

(1) 가족회의 시간과 주제 등을 미리 결정한다.

(2) 회의를 주관하는 의장과 회의록을 기록할 서기를 결정한다.(회장이나 서기 등의 역할은 돌아가며 수행한다.)

(3) 서로 칭찬할 시간을 갖는다. (어설프거나 추상적인 칭찬이 아니라 한 주간에 있었던 일 중 칭찬하고 싶은 것을 구체적인 시간과 자세한 감정 표현을 같이 넣어서 해 주는 것이 중요함.)

(4) 정한 안건에 대한 논의를 실시한다. (누구의 의견도 무시하거나 강조하거나 상대방의 의견을 비난하지 않는다.)

(5) 서운했던 점이나 고쳐줬으면 하는 점을 정중하게 요청한다. (이 때는 반드시 비폭력 대화를 실시하여 짜증이나 화가 섞인 말투로 하지 않는다.)

(6) 가족 회의에 대한 보상의 시간으로 파티타임을 진행한다.

STEP 3 관련 매체

관련 영상 시청

지식채널 e '종일반 가족'

http://www.ebs.co.kr/tv/show;jsessionid=V1b1nEwSg3SvyDp9aEaMUaK9otoE3iwGMpDXg
uPIV9ml3l9IgIdjQOHW1nyeV60p.enswasp02_servlet_engine5?courseId=BP0PAPB0000000009
&stepId=01BP0PAPB0000000009&lectId=10202994

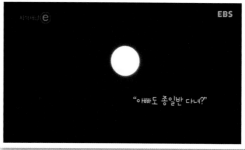

 아이들이 생각하는 행복 1위는 '화목한 가족'이지만 우리 사회의 가족의 모습을 살펴보면 아이들이 행복해할 수 있는 모습이 아니다. 이른 아침 아이의 자는 모습을 보며 출근하는 아버지, 하루 종일 학원과 어린이 집에 맡겨지는 아이들, 감당하기 힘든 대출금을 갚기 위해 다시 직장으로 향하는 어머니 등 언젠가부터 집이란 곳은 직장시간 외에 잠깐 휴식을 취하는 장소가 되어 버렸다.

⑴ 동영상에 나오는 웹툰 작가는 왜 연재를 그만두게 되었는지 정리해 보세요.
　자유롭게 이야기하도록 한다.

⑵ 여러분이 생각하는 화목한 가족의 첫 번째 조건은 무엇인지 이야기해 보세요.
　허용적 분위기에서 이야기하도록 한다.

STEP 1 트루먼스쿨 악플사건 줄거리

'트루먼스쿨 악플 사건'은 악플을 단 범인을 찾아가는 과정을 담은 이야기이다. 제이비와 아무르는 '트루먼의 소리'라는 학교신문 동아리에 소속되어 있다. 그런데 그 신문은 학교 홍보를 위한 보여주기 식의 소식만을 담아야 한다. 그 점을 제이비와 아무르는 이해할 수 없다. 그래서 제이비와 아무르는 '트루먼의 소리'라는 교내 신문 대신 '트루먼의 진실'이라는 웹사이트를 만든다. 이 곳에서는 누구나 사실에 관한 자신이 쓴 글을 올릴 수 있다는 규칙만을 정한 채 웹사이트를 열었고, 그곳은 이상한 학교규칙, 또는 싫어하는 선생님 투표하기 등 학교에 대한 소소한 진실을 밝히는 사이트로 이용된다. 그런데 그곳에서 생각지도 않았던 문제가 발생한다. '밀크&허니'라는 이름의 사람이 학교 내에서 인기 많은 릴리라는 여학생의 과거 사진을 올리면서 트루먼의 진실은 급물살을 타게 된다. 사이트 내에서 점점 릴리를 험담하는 댓글이 많이 달리게 되고 또한 릴리가 레즈비언이라는 부정적인 안티 카페도 생기게 되고, 급기야 릴리는 친구들에게도 외면을 받게 된다. 릴리는 학교 등교를 피하기 위해 꾀병 핑계를 대다가 결국 엄마에게 들켜 학교에 강제로 등교하게 되고 그날 집을 나간다.

이 책은 릴리에 대한 험담을 웹사이트에 올린 '밀크&허니'의 정체를 밝히는 추리소설의 형태를 보이고 있으며 트루먼학교에 다니는 학생들의 마음을 각각의 입장에서 이야기하고 있다. 결국 학교에서는 아이피 주소를 추적하여 최초에 릴리에 대한 못된 글을 올린 브리아나를 '밀크&허니'로 생각하고 정학시키지만 릴리는 자신이 예전에 못된 말을 했던 트레버가 '밀크&허니'임을 알고 직접 만나 사과를 하고 다른 학교로 전학을 간다. 제이비와 아무르는 '트루먼의 진실'을 폐쇄하지만, 릴리는 그 곳을 왕따문제에 대해 학생들이 토론하는 자리로 그곳을 사용하는 것이 어떻냐고 제안하며 이야기는 끝을 맺는다. 이 소설의 많은 학생들은 얼굴을 맞대고 하는 소통보다는 SNS를 믿는 것 같다. 이 모습은 현재 많은 학생들의 모습과 닮아 있다. 그리고 이른바 '카따' 등으로 불리는 SNS 상의 따돌림이나 웹사이트에 올리는 악플 문제도 담고 있어 여러 방면의 소통의 모습에 대해 생각해 볼 수 있는 책이다.

STEP 2 이야기하며 토론해 보기

가. 나의 삶과 관계 맺기

한 소년이 산에 올라가 "야호!"라고 외쳤습니다.

그러자 저쪽에서도 누군가가 "야호!"하며 외치는 소리가 들렸습니다. 소년은 다시 "거기 누구 있니?"라고 물었습니다. 그러자 또 반대편에서 "거기 누구 있니?"라고 되물어 오는 것이었습니다. 이에 화가 난 소년은 " 야! 정정당당하게 이름을 대란 말이야!" 하고 큰 소리로 외쳤습니다. 그러자 이번에도 "야! 정정당당하게 이름을 대란 말이야!" 하는 앙칼진 목소리가 들려 왔습니다.

약이 잔뜩 오른 소년은 화가 난 채 집으로 되돌아 왔습니다. 그리고 산에서 내려와 엄마에게 "엄마, 산에 아주 나쁜 놈이 있어. 내가 묻는 질문에 답도 안해주고 되려 화만 내더라구."라고 모든 사실을 말했습니다.

소년의 말을 다 들은 엄마는 "하지만 산에는 좋은 친구도 있단다"라고 말했습니다.

"네가 먼저 좋은 친구를 사귀고 싶다고 외치렴. 거기서도 너같이 좋은 친구를 사귀고 싶다고 말할 거야."

소년은 다시 산으로 올라갔습니다. "좋은 친구를 사귀러 왔다!"고 외치니, 이번에는 저쪽에서도 "좋은 친구를 사귀러 왔다!"고 말하는 소리가 들렸습니다.

"난 너를 좋아한다!"고 말하니 이번에도 "난 너를 좋아한다!"고 대답했습니다. 소년은 흐뭇한 마음으로 돌아와 어머니에게 좋은 친구를 사귀고 왔다고 말했습니다. 소년의 엄마는 아들의 머리를 쓰다듬으며 말없이 미소만 지었습니다.

1-1) 누군가의 험담을 해 본 적이 있나요?

　　　자유롭게 이야기하도록 한다.

1-2) 누군가에게 한 험담이 다시 나에게 돌아온 적이 있나요? 그 때 여러분의 기분은 어땠나요?

　　　허용적으로 이야기하도록 한다.

1-1) 제이비가 '트루먼의 소리' 편집장을 맡고 있으면서 웹사이트에 '트루먼의 진실'이라는 사이트를 만들게 된 이유는 무엇일까요?

학교 신문인 트루먼의 소리는 학교 선생님들이 원하는 학교의 홍보성 기사만 실을 수 있었기 때문이다.

1-2) 만약 여러분이 어른들이 원하는 이야기만 해야 한다면 어떤 느낌일지 이야기해 보세요.

자유롭게 이야기하도록 한다.

2-1) 트레버는 학교 친구들 사이에서 어떤 대우를 받는 학생인가요?

친구들 사이에서 따돌림을 당하는 학생이다.

2-2) 여러분이 친구들에게 따돌림을 받게 되고 그 이유가 여러분의 성격이라던가 외모 때문이라고 한다면 어떤 느낌이 들지 이야기해 보세요.

친구들이 나를 좋아하지 않을 수 있지만 그 이유가 단지 나의 외모라거나 성격 때문이라면 기분이 좋지 않을 것이고 특히 그것이 고칠 수 없는 것이라면 좌절감이 들 것이다.

3-1) 제이비는 헤일리가 '트루먼의 진실' 사이트의 주인에게 보낸 메일에 왜 화가 났나요?

제이비는 헤일리, 릴리 등의 친구들의 부류를 좋아하지 않았기 때문이다.

3-2) '우리 모두'를 위한 것이라는 말 자체에는 어떤 의미가 있나요?

어떤 사람이라도 제외하지 않는 것이라는 의미를 담고 있다.

4-1) 트레버는 학교에서 주목받지 못하는 친구이지만 어떤 부분에 재능이 있습니다. 무엇일까요?

트레버는 그림을 잘 그린다.

4-2) 여러분은 어떤 것에 관심이 있고, 어떤 것에 재능이 있나요?

자유롭게 이야기하도록 한다.

5-1) 릴리에 대한 험담이 웹사이트에 올라왔을 때 처음에 친구들은 그 내용을 믿지 않았지만 점점 릴리를 대하는 태도가 달라집니다. 어떻게 변했을까요?

릴리는 친구들 사이에서 호감이 있었던 아이였기 때문에 처음에는 인터넷에 올라온 험담을 믿지 않으며 말도 안 되는 이야기라고 취급하지만, 점점 그럴 수도 있겠다고 가능성을 생각하게 되고 나중에는 결국 '그런 일이 있었대'라는 식으로 기정사실로 받아들이고 릴리를 따돌리기 시작한다.

5-2) 다른 사람에 대한 소문을 믿을 때는 어떤 것들을 근거로 그렇게 생각하게 되는지 여러분의 생각을 이야기해 보세요.

자유롭게 이야기하도록 한다.

다. 조화로운 삶을 위해서

1-1) 뉴스에서나 주변 이야기를 통해 악플로 인해 생기는 문제점에 대해 이야기해 봅시다.

　　악플로 인해 자살이라는 극단적인 선택을 하는 경우도 많고, 자신의 생업을 포기하거나 우울
증에 시달리는 등 정신적 고통을 받는 경우도 많다.

1-2) 우리가 쉽게 사용하고 널리 퍼져 있는 인터넷의 문제점으로 익명성이 거론되고 있습니다. 여러분
은 인터넷의 익명성이 꼭 필요하다고 생각하는지 필요하지 않다고 생각하는지 여러분의 의견을
이야기해 봅시다.

* 인터넷에서 익명성이 필요하다.

－ 인터넷에 올라오는 많은 의견들이 익명성이 없다면 검열을 거쳐 올라오게 될 것이다. 그렇
게 검열을 거친 의견들은 진정한 의견이라고 할 수 없고 인터넷에 글을 올리는 많은 사람들
의 표현의 자유를 해치는 것이므로 익명성이 필요하다고 생각한다.

* 인터넷에서 익명성이 꼭 필요하지는 않다.

－ 인터넷의 익명성이라는 특성 뒤에서 일어나는 많은 문제점, 특히 악플이나 허위사실 유포
등을 생각하면 익명성은 꼭 필요하지 않다고 생각한다. 남들의 눈을 피해야만 일어날 수 있
는 표현은 정당하지 않은 것이라 생각하기 때문이다.

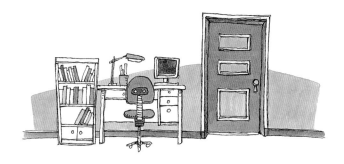

'트루먼스쿨 악플사건' 관련 활동

STEP 1 선플게임

가. 준비물 : 필기도구, 활동지 등

나. 활동 내용

(1) 학생들에게 학습지를 나누어 준다.

(2) 주제를 제시한다.(평소 관심 있었던 주제나 고민 등을 주제로 적게 한다.)

(3) 3~5분 정도 생각할 시간을 가진 학생들이 주제와 관련된 질문 하나를 종이의 질문 칸에 쓴다.

(4) 모두 다 쓰면 질문이 적힌 종이를 계속해서 옆 사람에게 넘긴다.

(5) 종이를 받으면 그 문제에 대한 자신의 생각을 답 칸에 적는다.

(6) 질문의 주인이 종이를 받을 때까지 활동하며 활동을 끝맺으며 전체 토론을 실시한다.

(7) 차분하고 진지한 분위기를 조성하는 것이 중요하며 최대한 상대방을 배려하는 답변을 달 수 있도록 안내한다.

STEP 2 주인공Day

가. 준비물 : 학급 친구들의 이름을 모두 적은 추첨지, 활동지 등

나. 활동 내용

(1) 주인공을 추첨하기 전에 미리 다른 사람들에게 듣고 싶은 말과 듣고 싶지 않은 말을 결정하여 적어 놓는다.

(2) 매일 아침 주인공을 추첨하여 결정한다.

(3) 주인공은 하루 동안 영화나 드라마의 주인공처럼 주체적으로 모든 것을 결정하고, 앞 장 서서 학급의 일을 해 나간다.

(4) 다른 친구들은 주인공이 듣고 싶은 이야기가 무엇일지 생각하면서 그 말을 해주려 노력하며 꼭 한 마디 이상의 대화를 실시한다.

(5) 주인공의 하루가 끝날 때 오늘 하루 느낀 점이나 주인공으로 살아 본 소감을 발표한다. (이 때 듣고 싶었던 말을 공개한다.)

(6) 다른 친구들이 마지막으로 듣고 싶었던 말을 한꺼번에 이야기해 준다.

STEP3 관련매체

관련 영상 시청

지식채널 e '대삼이의 일기'

http://www.ebs.co.kr/tv/show?courseId=BP0PAPB0000000009&stepId=01BP0PAPB00000000 09&lectId=1177896

(1) 동영상에 나오는 가족과 여러분들의 가족의 차이점과 공통점을 정리해 보세요.

웹툰을 연재하던 작가의 웹툰에 이런 것도 그림이냐며 악플이 달리기 시작하고 악플이 너무 많이

달려 작가의 마음이 혼란스러워 연재를 그만두게 되었다.

(2) 여러분이 악플을 많이 받게 된다면 어떤 마음이 들지 이야기해 보세요.

자유롭게 생각해보고 이야기하게 한다.

STEP 1 그냥, 들어 봐 줄거리

사람들은 아무리 현명하더라도 아무리 능력이 있어도 아무리 가진 것이 많아도 혼자 살 수 없다. 특히 청소년기에 들어선 소녀, 소년들은 더 많이 외로움을 느끼고 혼자 있게 되는 일들을 두려워한다. '그냥, 들어 봐'는 그런 이야기입니다 이 소설은 한 소녀가 겪게 되는 엄청난 사건의 전말과 그로 인한 상처를 치유하고 문제를 해결해 가는 과정을 과장 없이 잔잔하게 그려내고 있다. 주인공이 상처를 치유하는 과정에서 다른 사람과의 소통만이 상처를 치유하는 근본적인 방법임을 말하고 있다.

주인공 애너벨은 언니들을 따라 모델일을 하고 있지만 모든 일에 자신이 없고 특히 엄마가 우울해지거나 엄마를 신경쓰는 일은 하고 싶지 않다. 어느 날 수영장에서 모델인 언니들을 따라다니는 소피라는 친구를 만나게 되고 마음에 들지는 않았지만 친구인 클라크와 함께 셋이 친구가 되어 같이 다니게 된다. 애너벨은 엄마가 외할머니가 돌아가신 후 어떤 상태였는지 보았다. 엄마는 외할머니가 돌아가신 후 매우 피로했고 헛헛한 표정만을 일관하였으며, 온종일 잠을 자기도 하고 기분이 들쑥날쑥했다. 그 때 모든 가족의 생활은 엄마의 기분에 맞춰져 있었지만, 언니들이 그리고 애너벨이 모델일을 하게 되면서 엄마는 다시 활기를 찾아가고 있었다. 애너벨은 엄마를 그때의 모습으로 돌려보낼 수 없었다. 그래서 모델일을 그만두고 싶어도 엄마에게 이야기할 수 없다. 여기에 단절된 소통의 모습이 보인다. 소통에 타인에 대한 배려가 필요한 것은 사실이지만, 애너벨은 엄마의 눈치를 보느라 정작 중요한 소통은 하고 있지 못하기 때문이다.

그러던 어느 날 엄마가 가장 기대를 걸고 있었던 휘트니 언니가 거식증 증세를 보이다 집으로 돌아오는 일이 발생하게 된다. 그리고 커스틴 언니마저 모델일을 그만두겠다고 선언하고 결국 애너벨만 모델 일을 계속 하게 된다. 애너벨은 다른 사람들이 보기에 착한 성격의 아이였기 때문이다.

소피와 클라크, 애너벨은 친구가 되어 많은 시간을 함께 보내게 된다. 정해진 규칙은 모두 지켜야 하는 클라크와 자유분방한 소피, 그리고 그 사이에서 갈등하는 애너벨은 친하게 지냈지만 소피가 밤 늦게 수영장에서 있었던 모임에 가자고 제안하자 급격히 친구 사이가 멀어지게 된다. 그 모임에 참여할 것을 반대한 클라크의 의견을 무시하고 애너벨이 소피와 그 모임에 갔던 일은 클라크와 애너벨을 멀어지게 한다. 이때도 애너벨이 자신의 속마음을 클라크에게 털어놓고 진심을 사과했으면 그들의 관계는 그렇게 급속도로 멀어지지 않았겠지만, 애너벨은 또 클라크와 소통할 기회를 놓치고 만다. 소통보다는 다른 사람의 눈치를 보는 것에 급급했기 때문이다.

그 날 이후 애너벨은 소피와 친구로 지내게 되지만 또 다른 사건이 일어난다. 바로 소피의 남자친구와의 문제를 소피가 오해하게 된 것이다. 소피의 남자친구인 윌이 애너벨을 강간하려 했고 그 일을 오해한 소피는 애너벨을 창녀라 부르지만 애너벨은 또 자신의 상황을 설명하지 못한다. 애너벨은 이제 학교에서 혼자가 되었다. 집에서도 마찬가지이다. 누구에게도 자신의 생각을 제대로 이야기하지 못하고 도서관에 처박히는 것처럼 내면으로 숨는 일을 반복한다.

그러던 중 애너벨은 오언을 만난다. 오언은 폭력 전력이 있고 그로 인해 특별 교육을 받았던 친구이다. 오언은 혼자가 된 애너벨에게 소통에 대해 알려준다. 애너벨은 오언과 소통하며 점점 자신의 생각을 타인에게 내 보이게 된다. 그렇게 애너벨은 성장한다.

오언과 소통해가면서 애너벨은 이제 사람을 대하는 방식이 바뀌었다. 좋은 일이 오면 좋은 것을 취하고 나쁜 일이 와도 같은 방식으로 받아들인다. 모든 건 때가 되면 지나가기 마련이라는 걸 이제 알게 된 것이다. 늘 자신의 마음을 비밀로 감추고 살아가던 과거의 애너벨이 아닌 현재의 애너벨은 마음이 편안하다.

애너벨의 성장 스토리를 통해 진정한 소통이 무엇인지 이 소설을 생각하게 한다.

가. 나의 삶과 관계 맺기

> 옛날에 어떤 지혜로운 사람이 있었습니다. 그에게 어떤 사람이 어느 날 "새 날이 밝은 것을 어떻게 알 수 있습니까?"라고 질문을 했습니다. 그가 대답했습니다. "눈을 뜨고 밖을 내다보았을 때, 지나다니는 모든 사람이 형제로 보이면 그 때 비로소 새 날이 밝아 온 것이다."

1-1) 누군가가 나의 마음을 이해해 준 경험이 있나요?

자유롭게 이야기하도록 한다.

1-2) 다른 사람의 마음을 이해하기 위해 노력한 경험이 있나요?

허용적으로 이야기하도록 한다.

1-3) 다른 사람과 형제로 지낸다는 것은 어떤 의미일까요?

가족처럼 다른 사람의 마음을 이해해 주는 것이 바탕이 된 인간관계를 맺는다는 의미이다.

나. 책과 친해지기

1-1) 애너벨은 모델일을 그만두고 싶지만, 엄마에게 말을 하지 못합니다. 왜 그럴지 그 이유를 이야기해 보세요.

엄마는 애너벨이 모델일을 하는 것을 원하고 애너벨은 엄마에게 모델일을 그만두고 싶다고 이야기하면 엄마가 받을 상처와 그 갈등을 해쳐나갈 용기가 없기 때문에 자신의 의견을 이야기하지 못한다.

1-2) 다른 사람에게 자기의 의견을 말하는 데 어떤 용기가 필요할지 생각을 이야기해 보세요.

다른 사람에게 자신의 의견을 이야기하는 데는 일단 의견을 표현할 수 있는 용기가 있어야 하며, 그와 더불어 의견이 충돌했을 때 그 갈등 과정을 이겨나갈 용기가 필요하다고 생각한다.

2-1) 애너벨과 친구가 된 소피와 클라크는 성격이 많이 다릅니다. 그 중 어떤 친구의 성격이 마음에 드나요?

소피는 정해진 규칙이 아니라 자신의 주관대로 자기가 원하는 것을 얻어가며 생활하는 것을 즐기는 사람이고, 클라크는 규칙이라면 그것이 자신이 정한 것이든 다른 사람에 의한 것이든 지키는 것이 중요하다고 생각하는 사람이다. 애너벨은 클라크와 더 오래 친구였지만 소피의 성격에 좀 더 끌리고 있다.

2-2) 규칙이 정해져 있지만 자신의 주관대로 사는 것은 어떤 장점과 단점이 있을까요? 의견을 이야기해 보세요.

규칙이 정해져 있는 데도 불구하고 자신의 주관대로 살면 사회의 규칙을 무시하는 결과를 가져 올 수 있어서 질서를 무너뜨리게 되는 단점이 있으나, 잘못된 규칙을 어기고 바꿈으로써 사회를 더 발전시킬 수도 있다고 생각한다.

3) 오언이 즐기는 음악은 어떤 종류의 음악일까요?

그 또래의 친구들이 좋아하는 팝이 아니라 난해한 음악을 좋아한다.

4-1) 애너벨과 소피가 멀어지게 된 계기가 된 사건은 무엇인가요?

소피의 남자친구가 애너벨을 겁탈하려 하고 이 모습을 애너벨이 남자친구를 유혹한 것이라고 오해한 소피가 애너벨을 멀리하게 된다.

4-2) 자신이 나쁜 일을 당했지만 친구의 오해를 풀지 않고 그대로 당하고 있는 애너벨의 모습을 어떻게 생각하는지 자신의 의견을 이야기해 보세요.

자신의 입장을 이야기하지 않고 그 일을 그냥 당하고 있는 모습이 착하다는 느낌보다는 그냥 답답하게 느껴졌다.

나도 그 상황이라면 솔직하게 이야기할 수 없을 것 같다. 이야기해서 친구의 오해가 풀리지 않을 수도 있고 더 심각한 문제가 생길 수도 있기 때문이다.

5-1) 애너벨이 점점 사람들을 대하는 태도가 달라집니다. 어떻게 달라지는지 이야기해 보세요.

자신의 의견을 숨기고 그냥 단순하게 착한 무난한 사람으로 살던 애너벨이 자신의 의견을 표현하기 시작한다.

5-2) 사람들을 대하는 태도 중 어떤 것이 좋다고 생각하는지 자신의 의견을 이야기해 보세요.

　* 사람들에게 자신의 의견을 확실하게 말하는 것이 좋다.

　－ 사람들에게 자신의 의견을 확실하게 이야기하여야 내가 원하는 것을 얻을 수도 있고 내가
　　생각하는 바람직한 상황으로 갈 수 있으므로 내 의견을 확실하게 이야기하는 것이 좋다고 생
　　각한다.

　* 사람들에게 자신의 의견을 숨기고 착하게 구는 것이 좋다.

　－ 다른 사람들에게 내 의견을 확실하게 이야기하는 것은 어떤 면에서는 건방지거나 무례해 보
　　일 수 있으므로 내 의견은 잠시 숨기고 착하게 구는 것이 인간관계를 맺는 데 더 좋다고 생
　　각한다.

다. 조화로운 삶을 위해서

1-1) 사회적으로 문제를 일으킨 사람들 주변을 인터뷰한 기사들을 살펴보면, 오히려 주변 사람들은 그
　　런 사람인지 전혀 몰랐다는 기사가 많습니다. 왜 이런 일들이 생기는지 자신의 생각을 이야기해
　　보세요.

　사람들이 인간관계를 맺을 때에는 자신의 모든 것을 보여주기 보다는 상황에 맞는 가면을 쓴
　다고 생각한다. 그 가면에 가려진 상대의 진정한 모습을 보지 못하면 이러한 일들이 생길 수
　있다고 생각한다.

1-2) 진정한 친구가 생기는 방법에 대해 자신의 생각을 이야기해 보세요.

　* 진정한 친구가 생기기 위해서 자신의 속마음을 다 털어놓아야 한다.

　－진정한 친구가 되기 위해서는 서로 거짓이 없어야 하므로 자신의 속마음을 다 털어놓고 자신
　　의 아픔까지도 서로 공유해야 한다고 생각한다.

　* 친구라도 자신의 속마음을 숨기고 모두 다 이야기해서는 안 된다.

　－친구가 되기 위해서 자신의 속마음까지 모두 이야기한다면 서로의 감정에 너무 깊이 들어가
　　부담을 느낄 수도 있다고 생각한다. 아무리 진정한 친구라도 모든 것을 이야기할 필요는 없
　　다고 생각한다.

칭찬샤워

가. 준비물 : A4지등

나. 활동 내용

(1) 학생들에게 A4를 나누어 준다.

(2) 한 사람이 종이를 들고 다른 사람이 자신에 대한 칭찬을 하는 동안 종이를 최대한 길게 찢는다.

(3) 칭찬은 막연한 것이 아니라 구체적으로 행동과 칭찬할 내용을 이야기하도록 한다.

(4) 돌아가며 그 시간을 가진 다음, 길이를 비교한다.

(5) 칭찬을 받은 소감을 적어 본다.

서로 이해할 수 있는 대화 방법 연습하기

가. 준비물 : 공책, 필기도구 등

나. 활동 내용

(1) 매일 한 줄 이상씩 다른 사람에게 듣고 싶은 이야기나 내가 하고 싶은 이야기를 적는다.

(2) 매일 사소한 것이라도 감사한 일을 적는다.

STEP 3 관련 도서 소개

관련 영상 시청

지식채널 e '통하다'
http://www.ebs.co.kr/tv/show?prodId=352&lectId=3038940

이시대의 비망록이라고 불리우는 ebs 지식채널 e에 대한 영상이다. 이식채널 e를 매개로 하여 사람들은 자신을 돌아보기도 하고 할 수 있구나를 배워 나간다. 이 방송은 사람을 움직이고 세상을 움직이게 하는 소통의 창구이다.

(1) '통(通)'한다는 것의 의미는 무엇인지 이야기해 보세요.

　　마음이나 의사, 감정 등이 서로 소통한다.
　　─────────────────────────────────

(2) 여러분은 누구와 통하고 싶은가요? 자신의 의견을 이야기해 보세요.

　　자유롭게 이야기하도록 한다.
　　─────────────────────────────────

CHAPTER

8 협동, 함께 하는 즐거움

쥘 베른 저 | 아이세움

장성익 글 송하완 그림 | 풀빛미디어

오연호 저 | 오마이북

맛있게 읽는 도서

| 관련 도서 |

 협동

1. 15소년 표류기

2. 혼자라서 지는 거야

3. 우리도 행복할 수 있을까?

어떻게 읽을까요?

1 시련을 이겨내는 협동의 힘을 생각하며 읽어요.
2 협동조합을 통해 우리 사회가 협동할 수 있는 방안을 생각하며 읽어요.
3 행복한 사회를 만들기 위해 협동이 왜 필요한지 생각하며 읽어요.

어떤 내용일까요?

1단계 : 15소년 표류기

이 책은 쥘 버른이 쓴 모험 소설로, 15명의 소년들이 폭풍을 만나 2주일 동안 바다에 표류하다 닿게 된 무인도에서의 생활을 내용으로 하고 있습니다. 그 곳에서 새로운 환경에 적응하기 위해 노력하고 우연히 섬에 상륙한 악당들과 싸우는 과정을 통해 협동이 무엇인지 보여주고 있습니다. 이들에게 닥친 고난을 서로의 힘을 합쳐 헤쳐 나가는 모습을 통해 협동의 힘을 배워 봅시다.

2단계 : 혼자라서 지는 거야

요즘 사회를 둘러보면 오직 이익만을 위해 움직이는 기업이 가득하고 경제적 풍요는 특정기업과 사람들에게만 편중되어 있습니다. 기업들이 돈을 많이 벌고 성장해도 국민이 행복해지거나 사회 전체가 풍요로워지지 않습니다. 이러한 문제를 해결할 수 있는 것이 함께 잘 살고자 하는 기업인 협동조합입니다. 협동조합과 더불어 살아가는 사람들이 어떤 행복과 만족을 누리는지 배워 봅시다.

3단계 : 우리도 행복할 수 있을까?

UN이 발표한 세계행복 보고서에 2년 연속 행복지수 1위를 차지한 나라 덴마크의 비결을 파헤친 책입니다. 행복의 비결인 6가지 키워드 중 특히 협동에 집중하여 책을 읽어 봅시다. 실험적 공동체 스반홀른과 협동 조합의 모습을 통해 협동을 통해 더 나은 삶을 모색하는 덴마크의 비결을 알아 봅시다.

협동에 대해 생각해 보기

옛날부터 우리 조상들은 마을의 안녕과 발전을 기원하거나 복을 빌어주기 위해 집집마다 돌며 농악이라는 대표적인 민속놀이를 했다. 또한, 농번기에는 많은 일손이 필요했기 때문에 힘든 농사일을 서로 나누기 위해 마을에 두레라는 공동조직을 결성하고 마을의 큰 행사나 농사일을 처리하였다. 그리고 일의 시기와 계절에 상관없이 마음이 맞는 사람끼리 노동을 주고받는 품앗이도 우리 조상들의 오랜 협동 풍습이다. 이처럼 우리 조상들은 생활 속 곳곳에서 협동을 실천하고 있었다. 이 풍습들은 현재에도 시민운동 단체에서 전통을 이어받아 시민운동을 실시하고, 품앗이는 노동을 주고 받는 풍습에서 작은 먹을거리도 서로 나누어 먹는 등의 서로 도와 가는 생활로 자리 잡아 현재에도 이어지고 있다.

협동이란 원하는 목적을 성취하기 위하여 함께 하는 것, 즉 서로 마음과 힘을 하나로 모으는 것으로, 개인이나 혹은 집단이 공통의 목적과 목표의 달성을 촉진하기 위해 정도의 차이는 있어도 무엇인가 조직적인 방법으로 개인이나 집단이 활동을 결합하고, 서로 도우면서 같이 일하는 것을 말한다. 협동의 중요성은 반대로 협동이 없다면 일어날 일들을 상상해 본다면 바로 알 수 있을 것이다. 만약 우리 사회에 협동이 없어지면 공정한 사회가 유지되지 못하고 사회 모든 일에 대하여 항상 비판적으로 생각하게 되며 내 주위의 모든 사람들이 경쟁하여 이겨 밟고 일어서야 하는 적으로 느껴지는 현상을 보이게 될 것이다.

오늘날 많은 사람들이 사회 안에서 경쟁을 강요받고 있으며 경쟁을 통해서만 자신의 순위를 결정하고 자신의 업적 달성을 과신하려는 모습을 보이고 있다. 이에 협동은 매우 중요한 덕목이라고 할 수 있다. 사람은 혼자서는 살 수 없다는 아주 기본적인 명제가 아니더라도 모두를 짓밟고 일어서는 승리보다 같이 하나 되는 협동이 얼마나 중요한 것인지 사회 전반적으로 인식되어야 하고 이를 교육해야 한다는 생각 아래 미약하게나마 좋은 책을 통해 협동의 중요성을 깨닫고 실천하는 방법을 나누고자 한다.

B. 러셀은 '사람은 혼자 사는 것이 아니다. 사회라는 공동체 속에 사는 이상사회와의 관계에 있어서 조화를 얻지 않으면 안 된다. 사회뿐 아니라 우주의 모든 자연 법치에 대해서 적응하고 조화하지 못하고 분열을 일으키고 있다. 지혜와 능력을 가지고서도 그의 이상이 사회나 우주와 조화를 이루지 못하고 스스로 불행한 곳으로 몰아치는 사람이 있다. 우리의 교양이나 재능은 사회와 우주에 적응하도록 사용되어야 한다. 조화하지 못하는 지식이나 주장이나 주의는 자기 인격의 분열을 자아낼 뿐이다'라고 했다. 이 말 안에도 협동은 사람이 살아가는 데 매우 중요한 덕

목이며 협동하지 않으면 인간 스스로 자아를 형성해 낼 수 없다고 강조하고 있다. 또한, 아주 쉽게 많은 사람들이 사용하는 속담 중 '백지장도 맞들면 낫다'라는 속담이 있다. 이는 아주 쉽게 협동의 중요성을 강조하는 속담이다. 이 속담에 중요한 의미는 '백지장은'이 아니라 '백지장도'라는 조사에 강조되어 있다고 생각한다. 무게가 아예 느껴지지 않을 정도의 얇은 종이인 백지장도 마주 들면 나은데 더 큰 일에 협동이 중요하다는 것은 더 말해 무엇 하겠는가.

이에 아래의 인성도서를 읽고 생각을 넓히고 활동을 하는 과정 속에서 벌써 경쟁의 극단에 놓여 있는 청소년들이 협동의 중요성을 알게 되었으면 한다. '15소년 표류기'를 읽고 협동이 무엇인지 알고 극한 상황에서 협동이 얼마나 중요한 덕목인지 생각해 보게 하고, 그 생각을 사회로 넓혀 '혼자라서 지는 거야'를 읽고 우리 사회 전반에 많이 형성되어 있는 협동조합에 대해 알아보자. 마지막으로 '우리도 행복할 수 있을까'를 통해 우리를 행복하게 하는 사회에서 협동이 얼마나 중요한 역할을 하는지 행복한 사회에는 협동이 얼마나 기반에 깔려 있는지 생각해 보는 기회를 마련하게 될 것이다.

'15소년 표류기' 들여다보기

 STEP 1 15소년 표류기 줄거리

'15소년 표류기'는 아주 단적으로 소년들의 위기와 그 극복과정을 통해 협동의 필요성과 협동의 결과를 보여주는 소설이다. 뉴질랜드 체어먼 학교의 14명의 학생들은 방학 동안 슬루기호라는 배를 타고 바다 연안으로 항해를 떠나기로 한다. 들뜬 마음에 항해 전날 배를 타고 있던 아이들에게 큰 사건이 일어나고 만다. 선원들은 모두 부둣가에 나가 있고 견습 선원인 모토와 열네 명의 소년들을 태운 배가 묶인 밧줄이 풀리면서 바다로 나가버리고 만 것이다. 이렇게 열다섯 명의 소년만을 태운 슬루기호는 거친 바다로 항해를 떠나고 만다.

배에 타고 있는 열다섯 명의 소년들은 서로 학년도 다르고 나이도 다르고 국적도 프랑스인인 브리앙과 자크, 미국인인 고든, 영국인인 나머지 소년들, 그리고 흑인 모코까지 다양하다.

세차게 불어 오는 서풍의 힘으로 태평양 한 가운데로 흘러간 슬루기호는 며칠 후 큰 폭풍우를 만났고 배를 조종할 줄도 모르고 돛을 펴는 힘도 없는 소년들은 2주 동안이나 폭풍우와 맞서 싸워야 했다. 이때 소년들에게 정말 필요했던 것은 협동이었을 것이다. 거친 풍랑을 이겨 내고 슬루기호는 아무도 살지 않는 무인도에 15소년을 데리고 가게 된다. 이 무인도는 공통점이 많지 않은 이 소년들을 집단으로 묶고 협동을 할 수 밖에 없도록 만든 극한 상황임에 틀림없다. 소년들은 지낼 곳을 찾기 위해 섬을 살펴보고 아무 것도 발견하지 못한 소년들은 일단 배에서 지내기로 한다. 배에는 작은 대포 두 대와 엽총, 탄약 같은 무기들과 바지와 털옷, 방수 코트, 두꺼운 스웨터 등도 있었고, 기압계, 온도계, 시계, 망원경, 실,

바늘, 성냥, 나침반, 필기도구 등이 있었다. 소년들 중 브리앙과 도니펀은 평소에도 사이가 좋지 않은 편이었고 이들은 섬 안을 둘러봐야 한다는 의견과 그냥 배에서 지내야 한다는 의견으로 나뉘어 갈등을 시작한다. 4월이 되어 날이 풀리고 섬을 정찰하던 소년들은 우연히 그곳에서 동굴 하나를 발견한다. 그곳은 누군가 살았던 곳으로 그곳에 살았던 사람이 프랑스 사람임을 알게 된 소년들은 이곳을 프렌치 동굴이라 이름 붙이고 그곳에서 생활하기로 한다. 동굴에서 지내기로 하면서 소년들은 섬의 곳곳에 이름을 붙이고 지도자를 뽑기로 한다. 그들은 고든을 지도자로 선출하고 계획표도 만들고 학교에서처럼 공부도 계속해서 하기로 하는 등 나름의 사회를 만들어 생활하기 시작한다. 그들은 스스로 식량도 구해야 하고 추운 겨울도 이겨내야 하는 등 여러 가지 난관이 있었지만 그 때마다 서로 협동하여 고난을 이겨 나간다.

첫 번째 지도자인 고든의 임기가 끝나고 새로운 지도자를 선출하면서, 소년들은 브리앙을 지도자로 선출하게 된다. 이에 실망한 도니펀은 자신을 따르던 크로스, 웨브, 윌콕스와 함께 동굴을 나가게 된다. 하지만 이 때 또 소년들에게 협동이 필요한 위기가 닥친다. 월스턴 일행이 무인도에 표류하여 오게 된 것이다. 이들은 선원으로 위장하여 배를 빼앗아 노예무역을 하려다 배에 큰 불이 나고 결국 보트를 타고 무인도에 표류하게 된 것이다. 그들의 위협 속에 도니펀 일행도 동굴로 돌아와 힘을 합쳐 결국 월스턴 일행을 물리치고 그들이 타고 온 보트를 고쳐 소년들은 2년 만에 자신들의 고향인 뉴질랜드로 돌아가게 된다.

STEP 2 이야기하며 토론해 보기

가. 나의 삶과 관계 맺기

어느 친목회의 일입니다.

그 친목회는 어느 날 모임을 갖기로 하고 총무를 맡은 사람이 회원들에게 연락을 하였습니다. 몇 날이 흘렀고 드디어 그 친목회의 모임을 갖기로 한 날이 되었습니다. 그런데 이게 웬일일까요. 그 날 모임의 장소에는 아무도 나타나지 않았던 것입니다. 그것은 회장은 그 나름대로 오늘 한번쯤은 빠져도 되겠지 하는 안일한 생각을 하였고, 총무 역시 자기는 회원들에게 연락까지 하였으니 한 번쯤 참석하지 않아도 되겠지 하고 생각하였으며, 다른 회원들 역시 나 하나쯤 빠진다고 해서 친목회의 모임이 잘못되지는 않겠지 하는 생각에 참석을 하지 않았던 것입니다.

이 나 하나쯤은 — 나 하나쯤 무단 횡단을 하여도 괜찮겠지, 나 하나쯤 거리에 담배꽁초를 버려도 괜찮겠지, 나 하나쯤 결근을 한다고 해서 회사가 문을 닫지는 않겠지 — 하는 생각, 이러한 생각은 어찌 보면 별 것이 아닌 것처럼 여겨질지 모르지만 실상은 사회의 커다란 혼란을 가져옵니다.

생각해 봅시다. 모두가 나 하나쯤은 하는 생각으로 무단 횡단을 한다면 도로는 금세 엉망진창이 되어 버릴 것이며, 나 하나쯤은 하는 생각에 담배꽁초를 마구 길거리에 버린다면 길거리는 온통 담배꽁초로 뒤덮일 것이며, 나 하나쯤은 하는 생각에 모두가 결근을 한다면 그 회사는 문을 닫아야 할 것입니다.

1-1) 자신이 속한 집단에서 어떤 책임을 맡아 본 경험이 있나요?

허용적으로 생각을 말하게 한다.

1-2) 나의 역할을 하는 데 어려움이 있었다면 어떤 것이었나요?

허용적으로 생각을 말하게 한다.

1-1) 슬루기호에 15명의 소년들만 있었던 이유는 무엇일까요?

소년들은 모두 방학을 맞아 6주 동안 뉴질랜드 연안을 배를 타고 여행을 하기로 했었고 들뜬

마음에 항해 전날 배에 모두 타고 있었다. 선장과 선원들은 항해 전날이므로 술집에서 술을 마

시고 있었고, 견습선원만이 배에 타고 있었다. 그런데 어찌 된 일인지 배를 묶은 밧줄이 풀려

배가 바다로 떠나가게 된 것이다.

1-2) 만약 여러분이 15명의 소년들처럼 어른들이 없는 배에 타게 된다면 어떤 느낌이 들지 이야기해

보세요.

망망대해라는 말처럼 막막하고 아무 생각도 나지 않을 것이다.

어떤 일을 먼저 해야 하는지 당황스러울 것이다.

어른들이 없다니 자유롭고 재미있을 것 같다.

2-1) 슬루기호가 섬에 도달했을 때, 도니펀과 브리앙이 갈등이 생긴 이유는 무엇일까요?

도니펀은 표류한 곳이 어디인지 모르니 섬을 둘러봐야 한다고 주장하고 브리앙은 동생들을 데

리고 무작정 헤맬 수 없다고 주장하여 서로의 주장이 어긋나 갈등이 생겼다.

2-2) 여러분은 도니펀과 브리앙의 주장 중 어느 편이 옳다고 생각하나요? 그 이유는 무엇일까요?

* 섬에 어떤 위험이 있을지도 모르니 배에서 때를 기다리는 편이 낫다.

--섬을 탐험하다가 무서운 동물들의 습격을 당하거나 원주민들의 습격을 받을 수도 있다. 어떤 위

험이 있을지 모르니 일단 안전하다고 판단되는 배에서 때를 기다리는 편이 낫다고 생각한다.

* 계속해서 배에서만 생활할 수 없으니 위험을 감수하고라도 섬을 살펴야 한다.

--배에서 생활하는 것은 일정 시간 뿐이다. 그 시간이 넘으면 식량도 잘 곳도 마땅치 않을 것이

분명하다. 당장 걱정되는 위험을 감수하고라도 정말 안전한 곳을 찾기 위해 섬을 살펴야 한다

고 생각한다.

3-1) 15명의 소년들이 섬에서의 생활을 시작하면서 지도자를 선거를 통해 뽑게 됩니다. 이 때 선거를
　　 하지 못한 한 명의 소년은 누구일까요?

　　　 견습선원인 흑인 모코는 선거를 하지 못했다.

3-2) 신분이나 성별, 기타 조건 때문에 권리를 빼앗긴다는 것은 어떤 느낌일지 이야기해 보세요.

　　　 허용적으로 이야기하도록 한다.

4-1) 원래는 개구쟁이였던 자크는 배가 조난을 당하고 나서부터 말없고 궂은 일을 도맡아 하는 소년이
　　 되었습니다. 그 이유는 무엇일까요?

　　　 사실 슬루기호의 밧줄이 풀린 것은 자크의 실수 때문이었고 이를 정직하게 이야기하지 못한

　　　 자크는 계속 죄책감에 시달렸기 때문이다.

4-2) 여러분은 자신의 호기심 때문에 의도하지 않은 결과를 불러온 일이 있나요?

　　　 자유롭게 말하게 한다.

5-1) 체어맨 섬에 윌스턴 일행이 오면서 소년들에게 위험이 닥칩니다. 그런데 마지막 순간에 죄책감을
　　 느낀 한 명의 일당이 소년들을 도와줍니다. 그는 누구일까요?

　　　 포브스는 마지막 순간에 죄책감을 느끼고 소년들을 도왔다.

5-2) 자신의 잘못을 뉘우친다는 것은 어떤 의미를 갖고 있을까요? 자신의 생각을 이야기해 보세요.

　　　 자유롭게 이야기하도록 한다.

 다. 조화로운 삶을 위해서

　　　 00시는 기록적인 폭우로 막대한 인명 및 재산 피해를 입은 곳을 특별재난지역으로
선포하기 위해 대대적인 현장조사에 나섰으며, 744명의 공무원을 동원해 침수된 주택과
농경지, 도로 및 교량, 하천 등 수해 피해 현황을 파악하였다. 공무원, 군인들을 비롯한
100여명의 복구인력과 1004만원 상당의 구호물품을 전달하고 복구작업에 들어갔다.

* 어떤 어려운 일을 겪게 되었을 때 사람들은 다른 사람들의 힘을 필요로 합니다. 여러분이 들은 일이
나 겪은 일 중 어려움을 협동으로 극복한 일들이 있다면 이야기해 봅시다.

　　　 듣거나 경험한 일 중 자유롭게 이야기하도록 한다.

'15소년 표류기' 관련 활동

 비전탑쌓기

가. 준비물 : 마시멜로 1봉지, 스파게티면 1봉지, 종이, 펜 등

나. 활동 내용

T : 우리도 협동하여 뭔가를 이루는 기쁨을 느껴 봅시다. 여기 스파게티면과 마시멜로가 있습니다. 이것들을 이용하여 우리의 '비전탑'을 쌓아 보도록 합시다.

S : 탑을 쌓기 전에 팀별로 A4 종이에 어떠한 방법과 모습으로 높게 쌓을 것인지 탑의 밑그림을 그린다.

T : 제한시간은 1시간입니다. 탑을 쌓고 맨 위에는 우리 팀의 비전을 적어 깃발로 꽂아 봅시다.

S : 마시멜로는 스파게티 면을 연결하는 데 쓴다.

T : 제한시간이 되었으니 탑의 높이를 재겠습니다. 함께 탑을 쌓은 느낌을 이야기해 봅시다.

 도미노쌓기

가. 준비물: 도미노, 넓은 장소 등

나. 활동 내용

(1) 도미노를 쌓을 수 있는 넓은 장소(체육관 등)를 미리 마련한다.

(2) 도미노로 쌓을 모양을 함께 결정한다.

(3) 도미노를 쌓는다.

(4) 중간에 누군가의 실수나 잘못으로 도미노가 쓰러지더라도 절대 비난하지 않고 "괜찮아"나 "다시 하자" 등의 긍정적 메시지를 전달하도록 한다.

(5) 다 같이 환호하며 도미노를 쓰러뜨리는 시간을 갖는다.

(6) 협동에 대한 보상의 시간으로 간식타임을 갖는다.

 STEP3 관련 매체

 관련 영상 시청

지식채널 e '완전한 세계'

http://www.ebs.co.kr/tv/show?courseId=BP0PAPB0000000009&stepId=01BP0PAPB0000000009&lectId=3109254

우리는 흔히 식물들이 움직이지 못한다고 해서 무시하는 경향이 있다. 하지만 나무도 소통하고 협동하고 적을 물리치고 감정을 느낀다. 인간이 나무의 생태에 대해 알고 있는 오해와 진실에 대한 이야기가 담긴 영상이다.

(1) 식물들의 세계에도 협동이 있어요. 그들의 협동은 어떤 모습인지 동영상을 보며 정리해 보세요.

식물의 협동은 생존규칙에 따른 것이라 할 수 있다.

(2) 식물들의 협동과 여러분이 생각하는 협동의 차이점과 공통점을 정리해 보세요.

우리의 협동은 이성에 의한 것이라 할 수 있지만 식물들의 협동은 그럴 수 밖에 없는 것이라 할 수 있다. 그

렇지만 둘 다 다같이 살아남기 위한 것이라는 점에서 공통점이 있다.

STEP 1 혼자라서 지는 거야 줄거리

이 책은 전 세계적으로 성행하고 있는 협동조합에 관한 이야기를 학생들의 눈높이에 맞춰 알기 쉽게 설명한 책이다. 여는 글에서 협동조합이 무엇인지 설명한 다음 협동조합 강국들이라 평가되는 이탈리아 에밀리아로마냐, 스페인 몬드라곤, 캐나다 퀘벡, 다른 협동조합 강국들을 소개한 다음 우리나라의 협동조합을 소개하는 구조로 책은 씌어져 있다.

일단 모든 것이 경쟁으로 이루어져 있고 경쟁해야만 생산성과 효율성이 높아진다고 믿는 현대 사회에서 협동조합은 이와는 달리 사람을 중시하는 기업의 형태로 설명하고 있다. 협동조합이라는 명칭에서도 알 수 있듯이 협동조합에서 가장 중요한 가치는 서로 돕는 협동이다. 협동조합의 가장 기본적인 생각은 '내가 남을 돕고 그 도움을 받은 사람이 다시 다른 사람을 돕다 보면 결국은 나에게도 도움이 된다'는 것이다. 우리가 잘 알고 있는 세계 최고 축구 클럽인 FC 바르셀로나, 고급 오렌지의 대명사로 불리는 미국의 썬키스트, 세계 4대 통신사 가운데 하나인 미국의 AP통신 역시 협동조합인 것이다. 이렇게 우리 주변의 협동조합은 매우 가까이 성행하고 있다. 협동조합의 기본이 협동인 만큼 우리는 경제적 원리로도 협동할 수 있다는 사실을 알게 된다.

이탈리아의 에밀리아로마냐 주는 '협동조합의 천국'이라 불리는 곳이다. 이 곳에서 협동조합이 성행하게 된 그 근본에는 사람을 중시하는 문화적 전통을 가진 르네상스 시대의 중심지였다는 독특한 역사와 문화, 산업지구 안에 전문화된 작은 기업들이 모여서 주민의 공동체와 신뢰를 얻고 있는 경제적 여건, 협동조합을 잘 뒷받침해주는 주 정부와 정당의 법과 사회제도의 도움이 있다. 이 바탕으로 이탈리아 에밀리아로마냐 주는 세계에서 손꼽히는 협동조합 운동의 모범사례이자 성공사례로 이름을 날리고 있는 것이다.

또한 아예 협동조합이 모여 새로운 도시를 이룬 스페인의 몬드라곤은 처음엔 단지 5명에 불과한 사람들이 모여 시작한 작은 공동체였다. 지금은 스페인 전체를 통틀어 매출 9위, 고용 3위의 거대한 기업 집단으로 성장한 몬드라곤은 1939년 발생한 스페인 내전에 의해 완전히 폐허가 되어 버린 곳을 협동조합으로 새로운 세계로 만들어 낸 호세 마리아

신부의 노력으로 이루어졌다. 수많은 협동조합이 모여 세운 몬드라곤은 그 자체로 하나의 도시를 이루면서 노동자가 그저 월급이나 받는 종업원이 아니라 스스로 주인이 되어 기업을 소유하고 경영함으로써 우리 시대의 핵심 과제인 경제 민주주의를 멋지게 실천하고 있는 곳으로 거듭나게 되었다.

이 밖에도 협동조합 강국인 뉴질랜드의 농업사업, 서로 믿고 신뢰하는 분위기를 바탕으로 협동조합을 이룩한 덴마크, 소비자 협동조합의 왕국이라 불리는 스위스와 네덜란드, 그리고 일본의 협동조합 이야기를 소개하고 있다.

이 책은 이렇게 세계 속의 협동조합을 소개하면서 우리도 세상과 삶을 바꿀 새로운 대안을 찾아 나서야 한다고 촉구하고 있다. 우리 주변의 협동조합에 대해 알아 보자.

 STEP 2 이야기하며 토론해 보기

가. 나의 삶과 관계 맺기

1-1) 집 주변에 있는 협동조합을 알고 있거나 협동조합에 대해 들어본 적이 있나요?

자유롭게 이야기하도록 한다.

1-2) 협동조합에서 물건을 사거나 그곳을 이용해보았다면 어떤 느낌이 들었는지 이야기해 보세요.

허용적으로 이야기하도록 한다.

1-1) 이 책에서 나오는 협동조합의 7가지 원칙은 무엇일까요?

　　자발적이고도 개방적인 조합원 제도, 조합원에 의한 민주적 관리, 조합원의 경제적 참여, 자율과 독립, 교육, 훈련 및 홍보, 협동조합 간의 협동, 지역사회 이바지

1-2) 협동조합의 원칙은 시대 변화에 발맞추어 조금씩 바뀌어 오다가 굳혀진 것입니다. 그렇다면 위에 말한 원칙 중에서 또 바뀌어야 하는 내용이 있을까요?

　　자율적으로 이야기하도록 한다.

2-1) 이 책에서 정리하고 있는 협동조합의 종류는 무엇이 있을까요?

　　소비자 협동조합, 생산자 협동조합, 금융 협동조합, 노동자 협동조합, 사회적 협동조합이 있다.

2-2) 여러분이 만약 협동조합을 설립한다면 어떤 종류의 협동조합을 설립할 것인지 이야기해 보세요.

　　허용적으로 이야기하도록 한다.

3-1) 뉴질랜드의 제스프리를 설명하는 부분에서 나온 '착한 독점'이란 무엇일까요?

　　뉴질랜드 키위는 제스프리라는 상표가 아니면 수출할 수 없도록 법으로 못박은 독점이지만 그 혜택이 99%의 모든 농민에게 돌아가는 독점이기에 착한 독점이라 할 수 있다.

3-2) 말 그대로 '착한 독점'이니 이것은 정당한 것일까요? 아니면 정당하지 않은 것일까요? 여러분의 의견을 이야기해 보세요.

　　혜택이 일부의 극소수 대기업에 돌아가기 때문에 독점이 안좋은 것이라 할 수 있는데, 착한 독점의 경우 그렇지 않은 것이므로 정당한 것이라 생각한다.

　　혜택이 모든 사람들에게 돌아간다 하더라도 독점은 시장경제의 원리를 해치는 것이므로 정당하지 않다고 생각한다.

4-1) 협동조합의 아버지라 불리는 사람은 누구일까요?

　　로버트 오언은 협동조합 운동의 이론과 대중적 기초를 마련했다.

4-2) 협동조합의 시작은 어떤 모습일지 생각해보고 이야기해 보세요.

　　허용적으로 이야기하도록 한다.

다. 조화로운 삶을 위해서

1-1) 협동조합을 운영하고 사업을 일으키는 과정에서는 여러 가지 갈등이 생길 것입니다. 어떤 갈등이 주로 생길까요?

　　협동조합을 만드는 과정에서 어떤 사업을 할 것인지 어떤 규약을 만들 것인지 여러 갈등이 생길 수 있을 것이다.

1-2) 갈등을 민주적 의사소통으로 해결하는 훈련은 우리에게 왜 필요할까요?

　　협동조합을 만드는 일 뿐만 아니라 사회에서 협동을 하는 것은 갈등을 민주적 의사소통으로 해결하는 데서 시작하는 만큼 민주적 의사소통 능력을 키워야 할 것이다.

'혼자라서 지는거야' 관련 활동

 STEP 1 **협동조합 설립하기**

T : 우리는 이 책을 통해 협동조합이 무엇인지 협동조합이 어떻게 운영되는지 알아보았습니다. 이제 우리가 협동조합을 세워보는 연습을 해 봅시다.

S : 우리 주변을 잘 살펴보고 어떤 곳에 어떤 협동조합이 생기면 좋을지 생각한다.

T : 여러분이 협동조합을 설립해야 한다면 어떤 사업을 하는 어떤 종류의 협동조합을 설립할 것인지 계획서를 작성해 봅시다.

S : 협동조합의 종류, 사업 방안 등을 마련하여 계획서를 작성한다.

STEP 2 협동조합 이용하기

T : 우리는 이 책을 통해 협동조합이 무엇인지 협동조합이 어떻게 운영되는지 알아보았습니다. 우리 주변의 협동조합이 무엇인지 조사해 보고 협동조합을 이용해 봅시다.

S : 주변을 잘 살펴보고 어떤 곳에 어떤 종류의 협동조합이 있는지 조사해 본다.

T : 우리 주변의 협동조합이 무엇인지 알았다면 협동조합을 이용할 계획을 세워 봅시다.

S : 협동조합의 종류를 고려하여 이용 계획서를 작성한다.

STEP 3 관련 매체

지식채널 e '클럽 그 이상의 클럽'

http://www.ebs.co.kr/tv/show?courseId=BP0PAPB0000000009&stepId=01BP0PAPB0000000009&lectId=3100049

'FC 바르셀로나'라는 클럽이 구단주 소유가 아닌 조합원의 소유라는 내용이 담겨 있는 영상이다. 이 팀은 세계 유일의 협동조합 축구팀이다.

* 스페인의 'FC 바르셀로나'는 협동조합입니다. 오렌지 주스로 많이 알려진 '썬키스트'도 협동조합입니다. 그렇다면 내가 사는 마을에는 어떤 협동조합이 있을까요? 조사해 봅시다.

허용적으로 이야기하도록 한다.

STEP 1 우리도 행복할 수 있을까 줄거리

이 책의 제목에 '우리도'라는 말이 붙어 있는 이유는 지금은 행복하지 않다는 의미가 아닐까. 많은 것을 생각하게 하는 다양한 이야기를 이 책은 이야기하고 있다. 이 책은 행복순위 1위국가라는 덴마크가 어떻게 행복이라는 가치 아래 1위를 기록할 수 있는지, 그런 순위를 기록하기 위해 그 나라 국민들은 서슴지 않고 행복하다고 말할 수 있는 이유는 어디에 있는지 이야기하고 있다. 여기서는 자유, 안정, 평등, 신뢰, 이웃, 환경 등 행복사회를 만드는 6개의 가치에 대해 이야기하고 있지만, 그 중 '협동'이라는 가치에 초점을 두고 이야기해보고자 한다.

우리는 늘 다른 사람과 협동해야 한다고 말한다. 협동하는 것이 얼마나 중요한 것인지 늘 역설하면서 정말 우리는 협동하고 있는가에 대한 의문을 던져 본다. 그 질문에 대한 답은 아니오이다. 우리는 언제나 다른 사람을 이겨야 한다고 경쟁 아래 자신을 내몰고 또는 자신의 자식을 내몰면서 그 안에서 성장하라고 강요한다. 그것이 정말 행복한 삶인가. 협동하면서 행복해지려면 우리는 어떤 가치 아래 삶을 영위해야 할 것인가. 이 책은 덴마크의 사례를 통해 그 답을 알려준다. 코펜하겐 시청 근처에는 덴마크에서 가장 영향력 있는 신문사 폴리티켄이 있다. 폴리티켄에서 발간되는 일간지는 덴마크에서 발행되는 '진지한 신문' 중 판매 부수 1위를 달린다. 언론인들은 다른 직종도 그렇겠지만 기본적으로 스트레스가 많다. 그렇다면 이들은 어떤가. 그들은 일을 효율적으로 하면서 휴가를 길게 사용한다. 경력 6년 이상만 되면 휴가가 일년에 10주 이상이 되니 말이다. 그들은 자신의 업무를 즐긴다. 충분히 재충전할 기회가 주어지니 일하는 시간이 지겹거나 싫지 않다. 폴리티켄의 편집장은 덴마크가 행복지수 1위인 까닭은 서로 신뢰하기 때문이라고 말한다. 이곳에서는 일하는 사람들은 모두 노조에 가입되어 활동할 만큼 조직화된 사회에 살고 있으며, 그 노조를 통해 강한 연대의식을 느끼고 서로가 함께 하고 있음을 느끼기 때문에 처음 보는 사람일지라도 신뢰할 수 있는 사회가 이룩될 수 있는 것이다.

덴마크는 또한 이 신뢰를 바탕으로 시민 참여형 모임과 협동조합이 다양하게 존재한다. 덴마크에서는 협동조합에 참여하는 것은 특별한 일이 아니라 자연스러운 문화로 자리 잡고 있다. 덴마크에서 서서히 쌓여 온 신뢰가 이러한 문화를 자연스럽게 만들어 내고 있다는 것이다.

덴마크에서 최초로 낙농 협동조합이 만들어진 곳에 세워져 있는 기념비에는 이런 말이 씌여 있다. "여기 예딩에서 덴마크 최초의 낙농 협동조합이 세워졌다. 이곳 농부들의 협동으로 번영의 기초를 닦았다. 덴마크를 위해 한 사람이 할 수 없는 일을 여러 사람이 함께 이루어냈다."

여기에서 '한 사람이 할 수 없는 일을 여러 사람이 함께 이루어내다'라는 말은 덴마크 전반에 깔려 있는 협동의 가치를 단적으로 보여 주는 구절이라는 생각이 든다. 함께 하니 새로운 길이 열렸다는 아름다운 선언이기 때문이다.

내가 쓰러지면 누가 나를 일으켜 세워줄까를 덴마크인들은 고민하지 않는다. 실업자가 되면 정부에서 2년 동안 생활비를 줄 것이고 재취업을 하도록 도울 것이기 때문이다. 자신이 선택한 직업이 마음에 들지 않아 스스로 회사를 그만두더라도 생활비를 보조받으면서 원하는 다른 곳의 취업 준비를 하는 것이다. 이 안에도 신뢰를 바탕에 둔 사회구조가 탄탄하게 밑바탕에 깔려 있다.

행복지수 1위인 덴마크이지만 자연적으로는 척박한 환경에 놓여 있다. 그러한 척박한 덴마크에서 생존하려면 농부들은 서로 협력해야만 했다. 그렇기에 타협을 잘 하고 서로 신뢰하는 문화의 뿌리를 가질 수 있었다. 자연 조건이 덴마크 사람들의 응집력을 만든 주요 요인으로 작용하며, 어떤 문제가 발생했을 때 그 해결점을 찾기 위해 토론과 논쟁을 하여 스스로가 터득해 나간 점도 덴마크의 협력사회를 이룩하는 데 크게 작용했을 것이다.

사실 이 책에 나오는 평등과 신뢰는 협동을 이뤄내는 데 가장 중요한 요인이고, 그로 인해 덴마크는 행복지수 1위 사회를 이룩했다고 이야기한다. 그렇다면 우리는 그것을 몰라서 살기 힘들다, 불행하다는 이야기가 계속 나오는 것일까. 잘 안다고 알고 있는 내용이라고 생각할지 모르지만, 우리는 사실 그 말들의 진의를 잘 모르고 살아왔다는 생각이 책을 읽으며 계속해서 든다. 늘 남들보다 앞서서 살기를 원하고 갑질을 비판하면서도 막상 자신보다 입장이 좋지 못한 사람들 앞에서 누구보다 심하게 갑질을 하며 살아가는 것이 우리의 모습일지 모른다. 공격당하고 싶지 않으면 먼저 공격해야 한다고 이야기하며, 우리가 중요하다고 이야기하면서도 나는 늘 우리 안에서 어떤 것을 빼내어 가질 것인가 궁리하는 것이 우리의 모습일지 모른다. 정말 우리도 행복할 수 있을지 생각해 보게 하는 책이다.

STEP 2 이야기하며 토론해 보기

가. 나의 삶과 관계 맺기

그가 국도를 달리고 있을 때였습니다. 비가 쏟아지는 도로를 달리며 그는 경찰관으로 지낸 지난 13년을 돌이켜 보았습니다. 좋은 일보다 나쁜 일이 더 많았던 것 같은 이 직업에 그는 회의감을 느끼고 있었습니다. 그 때 갑자기 양철 깡통 끌리는 소리가 차에서 들렸습니다. 한 쪽으로 차를 세우고 보니, 자동차의 머플러가 땅바닥에 질질 끌리고 있었습니다. 어떻게 해야 하나 그냥 갈까 망설이고 있는데 어디선가 커다란 트럭 하나가 오더니 멈추고 거대한 몸집의 사나이가 한 손에 뭔가를 들고 뚜벅뚜벅 걸어왔습니다. 그는 본능적으로 뒷걸음질을 쳤습니다. 그런데, "항상 이런 것을 가지고 다니셔야죠." 다가온 사나이는 철사 옷걸이를 흔들어 보이더니 차 밑으로 기어 들어가 옷걸이로 머플러를 고정시켜 주었습니다.

"덕분에 살았습니다." "뭘요, 댁도 저에게 친절을 베풀어 주신 적이 있었지요."

"지금처럼 비가 내리던 날 당신은 저에게 당신이 근무하던 곳에서 자고 가라고 했지요. 당시 저는 매우 어려운 상황에 처해 있었습니다. 술주정뱅이, 경범자들과 밤을 지새운 다음 날, 당신은 저에게 커피를 가져다 주며 기분이 어떻냐고 물었죠. 유치장 문을 열어 주면서 비는 그쳤고 모든 것이 훨씬 밝아졌다고 말했지요. 그 말이 저에게 매우 의미가 있었어요. 저의 앞길을 밝혀 주는 것 같았지요. 그 후로 저는 술은 입에도 대지 않았어요. 당신에게 받은 호의를 되돌려 드리게 되어서 기쁩니다."

사나이가 떠나고 다시 차에 몸을 실은 그는 경찰관으로서의 자신의 역할에 대해 더 이상 의심하지 않아야 한다고 다짐했답니다.

1-1) 여러분은 친절이 무엇이라고 생각하나요?

다른 사람을 만났을 때 그 사람을 배려하고 다른 사람에게 정답고 따뜻하게 대하는 예의바른

태도를 친절이라고 생각한다.

1-2) 내가 베푼 친절이 다시 나에게 돌아온 경험이 있나요?

자유롭게 경험을 이야기하도록 한다.

1-1) 작가가 덴마크에서 만난 웨이터 페테르센은 열쇠 수리공으로 일하는 아들을 어떻게 생각하나요?

열쇠수리공이라는 직업은 사회적으로 대우받지 못하는 직업일지 모르지만, 페테르센은 아들의 직업을 다른 사람들을 위해 사회에서 필요한 직업이기에 매우 자랑스럽게 생각하고 있다.

1-2) 사회의 많은 직업들에 대해 여러분은 어떤 직업이 좋은 직업이라고 생각하나요?

자유롭게 이야기하도록 한다.

2-1) 로슈 덴마크가 일하기 좋은 회사 1위로 뽑히는 이유는 무엇일까요?

로슈 덴마크는 집에서처럼 회사에서도 편안해야 한다는 점을 들어 복지가 뛰어나다. 그리고 그곳에는 소통이 있다.

2-2) 여러분은 다른 사람들과 의사소통하는 데 어떤 어려움이 있나요?

허용적으로 이야기하도록 한다.

2-3) 의사소통을 잘 하기 위해서 어떤 것들이 뒷받침되어야 할까요?

다른 사람의 말을 잘 들어주는 경청의 자세, 내 것을 조금 포기하더라도 공공의 이익을 위해 양보하는 미덕, 의견 조율을 위한 협력적 자세 등이 필요하다.

3-1) 여러 개의 협동조합에 참여하고 있는 크리스티안센은 왜 이 일을 하고 있다고 말하나요?

세상을 좀 더 나은 곳으로 만들기 위해 크리스티안센은 협동조합에 참여한다고 말한다.

3-2) 여러분은 좀 더 나은 세상을 만들기 위해 노력하는 일이 있나요?

자유롭게 자신의 이야기를 말하도록 한다.

4-1) 최초 낙농 협동조합 기념비에 적힌 이야기 중 함께 하니 새로운 길이 열렸다는 것은 어떤 의미일까요?

함께 한다는 것은 자신의 것을 양보해야만 가능한 일인 것 같지만 오히려 함께 하는 것을 통해 공생의 삶이 시작된다는 의미이다.

4-2) 여러분이 생활하면서 함께 하면서 새로운 길이 열린 경험이 있나요?

자유롭게 자신의 이야기를 하게 한다.

5-1) 덴마크의 학교에는 학급에 무엇이 없을까요?

덴마크의 학교에는 모든 학생들의 자신의 역할이 주어져 있으므로 반장이 없다.

5-2) 학교의 생활 속에서 아래의 내용에 대한 자신의 의견을 이야기해 보세요.

* 학급을 대표하는 반장은 꼭 필요한 제도이다.

-학급의 모든 학생들이 학생 대의원회를 참여할 수 없고, 학급을 대표하여 학급의 일들을 이

끌어나갈 리더가 필요하다는 의미에서 반장은 꼭 필요하다고 생각한다.

* 학급의 학생들이 자신의 역할을 수행하면 되므로 반장은 필요 없다.

-학급의 모든 학생들이 자신의 역할을 맡아 수행하면 꼭 리더가 있지 않더라도 학급의 모든

일을 처리할 수 있다고 생각한다. 그러므로 반장은 학급에 필요조건은 아니라고 생각한다.

다. 조화로운 삶을 위해서

1-1) 덴마크가 살기 좋은 행복한 나라로 뽑히는 이유는 신뢰에 있다고 이야기합니다. 신뢰란 무엇일
까요?

신뢰란 다른 사람을 믿고 의지한다는 의미이다.

1-2) 사회 구성원들이 신뢰를 갖기 위해서 어떤 것이 필요할지 의견을 이야기해 보세요.

일단 사회 구성원들이 신뢰를 갖기 위해서는 서로가 신뢰할 수 있는 바탕이 필요하다. 그 바탕

을 정직이라고 할 수 있다. 모두가 정직하다는 판단이 된다면 그들은 서로 믿고 의지할 수 있

을 것이다.

'우리도 행복할 수 있을까' 관련 활동

STEP 1 협동의 꽃 만들기

가. 준비물 : 없음

나. 활동 내용

(1) 그룹을 만들어 서로 원을 만든다.

(2) 모두 원 밖을 향하여 서고 한 발을 들고 한 발로만 지탱하여 서며 서로의 발을 엮고 두 팔을 들어 의지하며 협동의 꽃을 만든다.

(3) 각자의 위치에서 자신의 역할을 다해야 꽃 모양이 만들어지며 또한, 서로를 믿는 마음이 크지 않다면 꽃 모양이 비뚤어진다는 것을 주지시킨다.

(4) 활동한 소감을 적어 본다.

STEP 2 마을 협동화 그리기

가. 준비물 : 지역사회의 협조를 얻어 협동화 그릴 공간, 물감 등

나. 활동 내용

(1) 협동을 넓혀 지역사회로 가져가 본다.

(2) 협동화를 그릴 장소가 정해지면 어떤 그림을 그려야 할지 서로 협의점을 찾고 협동화를 그린다.

STEP3 관련 매체

관련 영상 시청

지식채널 e '쌀 한 톨의 무게 1, 2부'

http://www.ebs.co.kr/tv/show?prodId=352&lectId=3096482

http://www.ebs.co.kr/tvshow?prodId=352&lectId=3097066

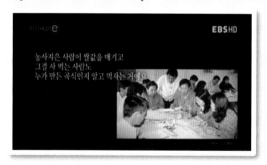

　　무위당 장일순은 농촌의 위기를 극복하기 위한 방법으로 협동조합을 제안했다. 그는 턱없이 부족한 일손, 뽑아도 뽑아도 금방 다시 나는 잡초로 인해 어쩔수 없이 농약 사용이 일상화된 농촌의 풍토를 친환경에 입각한 생명주의 철학에 기방한 운동으로 조금씩 바꿔나갔다.

(1) 영상에 나오는 신뢰의 공동체는 어떤 힘으로 만들어졌나요?

　　서로의 세상을 더 나은 곳으로 만들려는 의지와 농부의 마음으로 만들어졌다.

(2) 여러분이 생각하는 쌀 한 톨의 무게는 무엇인지 자신의 의견을 이야기해 보세요.

　　쌀 한 톨에는 농부의 일년 간의 땀과 노력, 쌀을 키우기 위해 자연이 들인 노력, 그것을 우리의 식탁에 가지고 오기까지 노력한 사람들의 힘이 들어간 무게라고 생각한다.